Curso de gramática Langenscheidt

Inglês

Lutz Walther

Tradução
Saulo Krieger

Langenscheidt

martins fontes
selo martins

© 2017 Martins Editora Livraria Ltda., São Paulo, para a presente edição.
© 2012 by Langenscheidt GmbH & Co. KG, München
Esta obra foi originalmente publicada em alemão sob o título
Langenscheidt Kurzgrammatik – Englisch.

Publisher	*Evandro Mendonça Martins Fontes*
Coordenação editorial	*Vanessa Faleck*
Produção editorial	*Susana Leal*
Capa	*Douglas Yoshida*
Preparação	*Lucas Torrisi*
Revisão	*Renata Sangeon*
	Julia Ciasca

1ª edição maio de 2017 | **Fonte** Helvetica Neue LT Std
Papel Off set 90 g/m² | **Impressão e acabamento** Corprint

**Dados Internacionais de Catalogação na Publicação (CIP)
(Câmara Brasileira do Livro, SP, Brasil)**

Walther, Lutz
 Curso de gramática Langenscheidt inglês / Lutz
Walther ; tradução Saulo Krieger. – São Paulo :
Martins Fontes - selo Martins, 2017.

 Título original: Langenscheidt Kurzgrammatik –
Englisch por Langescheidt.
 ISBN 978-85-8063-332-0

 1. Inglês - Gramática 2. Inglês - Gramática -
Estudo e ensino I. Título.

17-03365   CDD-420.7

Índices para catálogo sistemático:
1. Inglês : Gramática : Linguística 420.7

Todos os direitos desta edição reservados à
Martins Editora Livraria Ltda.
Av. Doutor Arnaldo, 2076
01255-000 São Paulo/SP Brasil
Tel: (11) 3116 0000
info@emartinsfontes.com.br
www.emartinsfontes.com.br

Prefácio

Com nosso **Curso de Gramática – Inglês**, oferecemos um pacote abrangente e despreocupado para que você tenha uma rápida visão de conjunto: com teste para aferição de nível no início e um método de aprendizado rápido, você chegará a seu objetivo com facilidade e rapidez!

De início, você vai encontrar o teste para aferição de nível, destinado a verificar seu estágio na língua. No final, você poderá repeti-lo para verificar seu progresso. Com as resoluções, você também receberá recomendações para melhorar seu conhecimento do idioma. Para facilitar o acesso à gramática inglesa desde o início, recomendamos ainda **Dicas e macetes** para o aprendizado da gramática.

A construção do capítulo segue uma estrutura clara: em primeiro lugar, você é apresentado às formas, e então seu uso é elucidado com exemplos, sempre com a respectiva tradução. O uso de cores e uma série de símbolos autoexplicativos irão ajudá-lo a se orientar no interior de cada capítulo.

Você deve utilizar o método de aprendizagem rápida para ter uma visão geral e memorizar com ainda mais facilidade: uma vez apresentados os temas essenciais, as páginas azuis **Olhando de perto** 🔍 trazem as regras mais importantes, outros exemplos e os erros mais comuns.

As **Indicações de nível** (A1 , A2 , B1 , B2) estão por todo o livro. Elas revelam os temas de gramática e as regras relevantes para o seu nível de aprendizado. Os níveis não estão relacionados apenas ao capítulo de

Prefácio

gramática, mas também ao vocabulário utilizado nas sentenças dos exemplos. Desse modo, você também terá mais certeza de que deverá conhecer tal vocabulário.

Na prática, isso significa que, se um capítulo de gramática está classificado, por exemplo, como estágio A1, todo o vocabulário ali empregado será A1, mas há a possibilidade de serem contemplados em outro estágio, por exemplo, A2 (nesse caso, a indicação do estágio aparecerá logo na frente da respectiva palavra ou sentença). Você deverá ter domínio de todas as regras gramaticais do capítulo, a não ser que uma indicação de nível à margem apareça indicando que a regra em questão é especificada em um nível mais elevado, por exemplo, B1.

Apresentamos uma breve elucidação sobre o Quadro de Referência Europeu de estágios de conhecimento:

A1/A2: *Uso de expressões elementares, isto é:*
A1: Você pode entender e empregar algumas palavras e sentenças bastante simples.
A2: Você é capaz de lidar com situações de conversa do cotidiano e compreender ou mesmo redigir textos curtos.

B1/B2: *Uso de linguagem autoevidente, isto é:*
B1: Você pode entender e se fazer entender perfeitamente, por escrito e oralmente, em situações do cotidiano, viagens e no ambiente profissional.
B2: Você dispõe ativamente de um amplo repertório de estruturas gramaticais e expressões idiomáticas, e, em conversas com nativos da língua, já poderá se valer de nuances estilísticas.

Prefácio

Para verificar o êxito de seu aprendizado de maneira ainda melhor, ao final do livro você encontrará testes para cada um dos capítulos de gramática. Assim, será capaz de especificar de maneira bastante precisa onde estão os seus pontos fracos e quais capítulos de gramática devem ser revistos, bem como identificar os pontos em que já demonstra um bom desempenho.

Agora, desejamos a você um ótimo proveito e sucesso em seu aprendizado de inglês!

Redação Langenscheidt

Símbolos

❶ informações sobre singularidades do inglês
☼ sentença
⇐ contraposição do uso da língua inglesa oral e escrita
⚡ cuidado, erro muito comum!
❶ trata-se de uma exceção!
L! dica de aprendizado
✚ ajuda
G regra básica
▷ remete a temas gramaticais correlacionados.

Sumário

Símbolos – Abbreviations 5
Testes de nível – Level Checks 10
Dicas e macetes – Tips & Tricks 18

① Artigo – The Article 25
   1.1   Artigo definido – The Definite Article 25
   1.2   Artigo indefinido – The Indefinite Article 28

🔍 **Olhando de perto: ①** 30

② Substantivo – The Noun 32
   2.1   Iniciais maiúsculas nos substantivos –
          Capital Letters with Nouns 32
   2.2   Gênero – The Gender 32
   2.3   Plural – The Plural 33
   2.4   Genitivo – The Genitive 37

🔍 **Olhando de perto: ②** 38

③ Adjetivo – The Adjective 40
   3.1   O comparativo e o superlativo – The Comparative
          and Superlative 40
   3.2   Comparações – Comparisons 41
   3.3   Adjetivos substantivados – Adjectives as Nouns .. 42
   3.4   O termo "one" – The Supporting Word "one" 42

④ Advérbio – The Adverb 43
   4.1   O comparativo e o superlativo –
          The Comparative and Superlative 44
   4.2   Comparações – Comparisons 45
   4.3   Ordem dos termos na oração – Word Order 45

🔍 **Olhando de perto: ③ – ④** 47

⑤ Pronome – The Pronoun 49

5.1	Pronomes pessoais – The Personal Pronoun	49
5.2	Pronome possessivo – The Possessive Pronoun	50
5.3	Pronome reflexivo – The Reflexive Pronoun	51
5.4	Pronome demonstrativo – The Demonstrative Pronoun	53
5.5	Pronome relativo – The Relative Pronoun	53
5.6	Pronome interrogativo – The Interrogative Pronoun	55
5.7	Pronome indefinido – The Indefinite Pronoun	56

6 Quantificadores – Quantifiers 60
- 6.1 A lot of/lots of 60
- 6.2 Much/many 60
- 6.3 Few 60

Olhando de perto: 5 – 6 61

7 Verbo – The Verb 63
- 7.1 Infinitivo – The Infinitive 63
- 7.2 Imperativo – The Imperative 64

8 Tempos verbais – The Tenses 65
- 8.1 Presente – The Present Simple 65
- 8.2 A forma contínua do presente – The Present Continuous 67
- 8.3 Passado – The Past Simple 70
- 8.4 Forma contínua do passado – The Continuous Past 72
- 8.5 Futuro – The Future Simple 73
- 8.6 Presente perfeito – The Present Perfect Simple 77
- 8.7 Presente perfeito contínuo – The Presente Perfect Continuous 80
- 8.8 Pretérito mais-que-perfeito – The Past Perfect Simple 81

Sumário

8.9 Pretérito perfeito contínuo – The Past Perfect Continuous 82
8.10 Futuro perfeito simples – The Future Perfect Simple 83
8.11 Futuro perfeito contínuo – The Future Perfect Continuous 83

Olhando de perto: 8 84

9 Interrogações e negações – Questions and Negatives 86
9.1 Interrogações – Questions 86
9.2 Negações – Negatives 87
9.3 Have/have got 87
9.4 Pergunta negativa – The Question in the Negative 88
9.5 Respostas breves – Short Answers 88
9.6 Indicador de interrogações – Question Tags 88

10 Verbos auxiliares – The Auxiliary Verbs 89
10.1 Verbos auxiliares mais importantes – The Auxiliary Verbs 89
10.2 Verbos auxiliares modais – The Modal Auxiliary Verbs 89

Olhando de perto: 9 – 10 95

11 Particípio – The Participles 97

12 Gerúndio – The Gerund 99

Olhando de perto: 11 – 12 103

13 Voz passiva – The Passive 105
13.1 Presente Tense e Past Tense – Present and Past 105
13.2 Voz passiva pessoal – The Personal Passive 105

13.3	Gerúndio na voz passiva – The Gerund in the Passive	106
13.4	Voz passiva em outros tempos – The Passive in Other Tenses	107

14 Conjunções – Conjunctions 108

🔍 Olhando de perto: 13 – 14 109

15 Discurso indireto – Indirect Speech 111

15.1	Sem mudança de tempo verbal – Without Changing The Tense	111
15.2	Mudanças nos indicadores de tempo e lugar – Changing Location and Time References	111
15.3	Comandos e instruções – Commands and Instructions	112
15.4	Com mudança do tempo verbal – With Tense Changes	112
15.5	Verbos modais – Modal Verbs	113
15.6	Interrogações – Questions	114

🔍 Olhando de perto: 15 115

16 Orações condicionais – Conditional Clauses 117

16.1	Tipo 1 – Type 1	117
16.2	Tipo 2 – Type 2	118
16.3	Tipo 3 – Type 3	118
16.4	Would em orações condicionais – would in an if Sentence	119
16.5	Unless	120

🔍 Olhando de perto: 16 121

Verbos irregulares – Irregular Verbs 123
Testes – Tests 127
Respostas – Key to Exercises 138
Respostas dos testes de nível – Key to Level Checks 141

Teste de nível A1

Para cada resposta correta, insira um ponto no quadrado ao final da linha e some os pontos ao final. No anexo, você encontrará a avaliação e recomendações para aperfeiçoamento.

❶ Artigo
Assinale as sentenças abaixo como corretas (✓) ou incorretas (✗), levando em conta a questão: em qual sentença não é possível usar o artigo indefinido?

a. She's a waitress. ☐

b. I'm a member of a football club. ☐

c. He's not a Welsh. ☐

d. Isn't she married to a Paul Van Buren? ☐

☐

❷ Adjetivo
Complete as sentenças com o adjetivo adequado: friendly, careful, black, tired.

a. My brother drives a ………… sports car. ☐

b. Be ………… with that knife! ☐

c. When Sandra came home from work she was ………… . ☐

d. Maureen is such a ………… person. ☐

☐

Testes de nível

3 **Present simple**
Em quais casos se pode usar o present simple?
Assinale os itens como corretos (✓) ou incorretos (✗).

a. ▢ Em ações que aconteceram no passado e ainda se mantêm no presente. ▢

b. ▢ Em atividades que estão acontecendo no momento em que são reportadas. ▢

c. ▢ Em atividades e fatos que são realizadas ou acontecem de forma regular. ▢

4 **Present perfect simple**
Assinale as sentenças como gramaticalmente corretas (✓) ou incorretas (✗)?

a. ▢ I've never been to South Africa. ▢

b. ▢ Walter has bought a new car yesterday. ▢

c. ▢ Jane's lived in London all her life. ▢

d. ▢ She's closed the window a minute ago. ▢

▢

5 **Future**
Complete com is/are going to + verbo ou uma forma do presente.

a. They .... (to spend) the weekend in Bath. ▢

b. I .... (to study) chemistry. ▢

c. The train .... (to arrive) at 9.30 tomorrow morning. ▢

▢

Pontuação total ▢

Teste de nível A2

1) Past continuous
Qual a tradução correta para a pergunta "O que você estava fazendo ontem pela manhã às 10 horas?".
Assinale (✓) para correto ou (✗) para incorreto.

a. ▢ What were you doing yesterday morning at 10? ▢

b. ▢ What did you doing yesterday morning at 10? ▢

c. ▢ What were you do yesterday morning at 10? ▢

▢

2) O futuro com will ou going to
Complete com will ou is/are going to.

a. Look how dark it is, it .... rain any minute. ▢

b. I think I .... go to Brighton at the weekend. ▢

c. Everything's planned. We .... marry next year. ▢

▢

3) Advérbio
Insira um advérbio ou um adjetivo: tired, well, happily, beautiful.

a. Mary-Lou sang a .... song. ▢

b. The play was performed very .... ▢

c. They've been .... married for 20 years. ▢

▢

4) Verbos auxiliares
Traduza as sentenças para o inglês.

a. Você não deveria fumar aqui.

.... ▢

Testes de nível

b. Você deveria ir ao médico.

   .... ☐

c. Ele fala sueco?

   .... ☐

d. Jamais comerei peixe novamente.

   .... ☐

   ☐

5 Gerúndio

Qual sentença expressa, de forma gramaticalmente correta, uma continuidade da mesma atividade após uma pausa? Assinale com (✓) para correto ou com (✗) para incorreto.

a. ▪ After the break we went on to watch the film. ☐

b. ▪ After the break we went on watching the film. ☐

c. ▪ After the break we went on to watching the film. ☐

☐

6 Voz passiva

Traduza as sentenças a seguir.

a. Esse edifício foi construído pela empresa do meu irmão.

   .... ☐

b. O supermercado foi fechado na semana passada.

   .... ☐

   ☐

Pontuação total ☐

Teste de nível B1

1) Future continuous
Passe o verbo entre parênteses para o future continuous.

a. Next Monday I .... (to lie) on the beach in Spain. ☐

b. Ten years from now she .... (to live) in New York. ☐

c. I'm afraid I .... (to not do) much work tomorrow. ☐

☐

2) Past perfect e Present perfect
Complete as sentenças com o verbo na forma temporal correta, inserindo, quando for o caso, as palavras grafadas entre parênteses:
to see, to cover, to have.

a. At the end of our hiking tour we .... more than 20 miles. ☐

b. .... (you) breakfast yet? ☐

c. I realized that I .... (never) a live crocodile before. ☐

☐

3) Past perfect continuous e Past continuous
Dentre as construções que constam entre parênteses, insira a que for adequada.

a. Tim .... for Lynn for 10 years when he decided to quit. (had been working / was working) ☐

b. When I came home last night everybody .... TV. (had been watching / was watching) ☐

☐

Testes de nível

4 Voz passiva
Insira o verbo entre parênteses na forma passiva correta.

a. Look, there's a car behind us. I think we .... (to be) followed.

b. The museum .... (to break) into last night.

c. Last month .... (to marry) for five years.

5 Oração condicional I
Relacione a sentença principal com a sentença condicional adequada.

a. I would travel to Hawaii — if it's not in the wash.

b. I'll put on the black shirt — if I had more money.

c. I'll turn on the radio — if it will help you (to) concentrate better.

6 Oração condicional II
Assinale: em qual sentença o uso de unless está correto (✓) e em qual está incorreto (✗)?

a. ☐ We should go for a walk in the afternoon unless, of course, it rains.

b. ☐ Sibyll's results would be much better unless she wasn't so lazy.

c. ☐ I'll pick you up at 7 unless I'm caught up in a traffic jam again.

Pontuação total

Testes de nível B2

1 Future perfect
Que tipo de situações é expresso no futuro perfeito?
.... ☐

2 Future e Future perfect
Insira o verbo entre parênteses numa das quatro formas do futuro (future simple, futuro com going to, future continuous, future perfect).

a. I'm not sure, but I think I .... (to spend) the weekend with my brother. ☐

b. By 6 o'clock tonight I .... (to work) five hours nonstop in the garden. ☐

c. What .... (you / to do) tomorrow around 4? ☐

☐

3 Particípios na voz passiva
Complete com o particípio do verbo adequado: to sign, to find, to hold.

a. The presidential election .... next week will decide if the peace process is to continue. ☐

b. The backpack .... under the old bridge belonged to a French traveller. ☐

c. The contract, ... only a week before, was cancelled unexpectedly by one of the companies. ☐

☐

Teste de nível s

4 Orações relativas
Em qual sentença o pronome relativo está empregado de maneira correta (✓), e em qual de maneira incorreta (✗)?

a. Our start-up company has several new Portuguese business partners, all of whom wish to establish better business relations.

b. Two Portuguese companies have sent image brochures, both of whom are written entirely in Portuguese.

5 Orações condicionais combinadas
Traduza as sentenças para o inglês:

a. Se, há vinte anos, meus pais tivessem se mudado para o Canadá, talvez hoje eu morasse em Montreal.

....

b. Se não tivéssemos perdido o jogo, teríamos uma festa hoje à noite.

....

6 Gerúndio
Complete com o gerúndio ou o infinitivo dos verbos entre parênteses.

a. She's used to .... (to work) until late at night.

b. I'd prefer to .... (to go) to bed early tonight.

Pontuação total

Dicas e macetes: aprenda gramática de uma maneira bem fácil

Você não sente inveja de certas crianças, que aprendem uma língua de maneira casual sem se preocupar com regras gramaticas maçantes ou construções equivocadas? Para nós, realmente não é possível se acercar da gramática de maneira tão despreocupada, mas, mesmo assim, aprender uma língua e, sobretudo, a sua gramática não precisa ser necessariamente um exercício inflexível e decorado, enfim, um trato monótono com regras empoladas. Para facilitar o acesso à gramática, apresentamos algumas dicas e macetes práticos para o seu aprendizado.

💡 A lei da regularidade
A gramática é como um esporte. Quem só treina a cada ano bissexto jamais será um maratonista. É mais razoável aprender continuamente e aos poucos do que aprender muito conteúdo e com pouca regularidade. Imponha a si mesmo um determinado momento em que poderá se dedicar ao estudo da língua estrangeira sem ser perturbado por nada. Por exemplo, pratique todos os dias quinze minutos antes de dormir ou três vezes por semana na pausa para o almoço. O que será decisivo será o aprendizado contínuo, pois só assim você poderá treinar sua memória de longo prazo.

💡 O aquecimento vale a pena
Repetir matéria conhecida é como fazer uma corrida leve: para se aquecer, vá por uma trilha conhecida antes de ousar um novo caminho. Mesmo que você descubra novas regras gramaticais o tempo todo, o que já foi aprendido não deve ser negligenciado.

Dicas e macetes

L! O sal na comida
Procure não se concentrar em muitas regras gramaticas de uma só vez. Perde-se facilmente a visão geral, e os detalhes caem no esquecimento. Utilize a gramática do mesmo modo que coloca sal na comida. Assim como se pode deixar a comida excessivamente salgada, o aprendizado de uma língua estrangeira pode ser dificultado quando se introduz um excesso de regras gramaticais de uma só vez. Opte por um aprendizado lento, contínuo e orientado para um fim, demorando-se em cada passo. Enfim, seja paciente!

L! Quem já é perfeito...
Relaxe! Não deixe que o conceito de perfeição domine seus pensamentos. A perfeição não deve ser a prioridade quando se aprende uma língua estrangeira. A beleza da língua e o ato de se fazer entender corretamente pelo interlocutor devem ser o foco.

L! Análise de erros contra armadilhas
Não tenha medo de errar! O objetivo do aprendizado não é não cometer erros, mas perceber os erros cometidos. Somente quem reconhece um erro pode evitá-lo posteriormente. Para isso, o domínio das regras fundamentais da gramática é muito útil: para compreender um erro e, talvez, a expressão de espanto ou incompreensão do interlocutor, para não cair na mesma armadilha numa segunda vez.

L! Não fique de escanteio
A gramática é apaixonante quando você lança um olhar às suas estruturas. Também nesse sentido, ela funciona como no esporte. Qualquer esporte só se torna realmente interessante quando suas regras são entendidas. Ou

Dicas e macetes

você assistiria a um jogo de futebol ou de tênis se esses esportes parecessem algo sem sentido? Considere a língua estrangeira uma espécie de esporte, cujas complicadas regras você aprende pouco a pouco, e, com base nelas, pode tomar parte e conversar, e não ficar de escanteio.

Qual o seu tipo?

Descubra o seu tipo de aprendizado. Ao aprender, você já tem alguma regra na memória (tipo memória) ou precisa ver (tipo visão, tipo leitura) e então escrever (tipo escrita) ao mesmo tempo? Você gosta de testar regras gramaticais desempenhando pequenos papéis (tipo ação)? A maior parte das pessoas tende a um tipo ou outro de aprendizado. Tipos "puros" de aprendizado são muito raros. Por isso, você deve descobrir tanto o seu tipo como os hábitos de aprendizado de sua preferência. Portanto, mantenha os olhos e os ouvidos abertos e procure conhecer aos poucos, mas com convicção, qual o seu tipo de aprendizado.

Deixe mensagens num *post-it*

Com *post-its* já foram feitos pedidos de casamento e relações já foram terminadas. Assim, não admira que também se possa aprender gramática por meio deles. Escreva algumas regras (o melhor é fazê-lo com exemplos) separadamente numa folha de papel ou em *post-its* e cole-os num lugar onde possa vê-los diariamente, como no banheiro, sobre o espelho, no computador, na geladeira ou junto da máquina de café. Assim, você vai internalizando determinadas regras. O olhar ajuda no aprendizado.

Dicas e macetes

L! Sentenças como exemplo contra ração seca
A ração seca é difícil de digerir. Assimilar algumas regras gramaticais a seco também é. Se você não gostar dos exemplos que encontrar em seus livros didáticos, formule seus próprios exemplos!
Pode-se progredir buscando exemplos de aplicação concreta em textos originais (jornais, livros, filmes, letras de música). Assim, a gramática "desce" com mais facilidade.

L! Converse com você mesmo
Escolha conceitos gramaticais particularmente difíceis, escreva alguns exemplos relacionados e enuncie-os em voz alta para si mesmo, por exemplo, no banho, ao caminhar ou durante uma viagem de carro mais longa. Converse com você mesmo na língua estrangeira, e assim você vai fixar rapidamente mesmo os usos mais complicados.

L! Gramática à la carte
Assim como no aprendizado vocabular, também é possível dispor de uma espécie de ficheiro com algumas dicas no aprendizado gramatical. Em um dos lados, escreva uma regra, uma exceção ou uma palavra-chave, e, no outro, exemplos, usos ou soluções. Consulte as fichas regularmente e selecione aquelas com que você, paulatinamente, for adquirindo familiaridade.

L! Você já tem um plano?
Escreva regras gramaticais de um mesmo grupo num grande arco desenhado numa folha de papel, de maneira breve e precisa, usando desenhos, indicações e breves exemplos. A ideia é torná-los visíveis juntos e elaborar um plano pessoal. Com a ajuda dos chamados *mind maps*, você obterá uma visão rápida da estrutura da língua pela pura e simples elaboração do plano, podendo proporcio-

nar uma rápida visão de conjunto. Se esse papel deve ou não ficar fixado em algum lugar não é o mais importante, porque você terá o plano na cabeça.

Aprender com vista para o mar
Experimente aprender uma regra gramatical ouvindo sentenças que servem como exemplos. É mais fácil memorizar exemplos do que a regra em estado puro, que lhe parecerá estranha; assim você também poderá aprender a respectiva regra mais depressa. É bom ter sempre à mão expressões e acompanhar a gramática relacionada, pois facilita a compreensão de situações recorrentes quando se está no exterior. Afinal, para que se enfiar em um livro repetindo os pronomes relativos quando se pode simplesmente alugar um quarto de hotel com vista para o mar?

Movimente-se
Para aprender, você não precisa necessariamente estar sentado à escrivaninha. Levante-se, suba e desça até o quarto ou repita a nova regra para si mesmo ao dar um passeio, durante uma corrida ou natação. O cérebro funciona comprovadamente melhor quando o corpo está em movimento. E a circulação sanguínea agradece.

Gramática com rimas
Truques de memória, rimas, formação de palavras e associações diversas são muito úteis no aprendizado de regras gramaticais. Macetes que já ajudaram no aprendizado de história, por exemplo, servirão também no aprendizado de línguas.

Dê asas à sua imaginação
No sentido mais verdadeiro da palavra, componha uma imagem da situação, pois também as imagens que você mentaliza servem de lembrete à memória. Portanto,

Dicas e macetes

procure associar um novo conceito gramatical ou uma regra difícil com alguma imagem fácil. Relembrar os tempos verbais, em especial, é algo que funciona melhor quando você tem uma ideia visual do respectivo tempo verbal. Essas ideias podem ser abstratas ou concretas. Quanto mais carregada de sensação for uma imagem, mais forte será a ligação com o conteúdo gramatical em questão.

A pergunta fundamental: e como lidar com a língua materna?

Pense um pouco em seus próprios hábitos linguísticos e observe as regras de sua língua materna. As normas da língua estrangeira são muito mais fáceis de demonstrar e de aprender quando se conhecem as diferenças entre as próprias línguas.

Trocando a gramática por um assado ao molho

Procure explicar para outra pessoa (filho, cônjuge, amigo) as peculiaridades gramaticais de uma língua estrangeira. A melhor maneira de aprender é ensinando o outro, até porque assim você toma consciência das regras mais uma vez. Mire-se no exemplo do seu filho lhe ensinando como mandar um torpedo ou de sua sogra ao lhe ensinar uma receita de assado ao molho.

Escreva e-mails

Para praticar a escrita, procure um amigo e troque com ele mensagens curtas em língua estrangeira. Combinem de um corrigir o outro. Você verá que é divertido praticar dessa maneira e chamar a atenção para o erro do outro, que talvez coincida com o seu.

Dicas e macetes

L! Quem lê leva vantagem

Enverede lentamente por leituras em língua estrangeira, seja de modo simplificado, com auxílio de traduções, seja por meio de textos originais, e preste atenção às sutilezas gramaticais. Não importa o quanto se lê, e sim as estruturas gramaticais que se possa compreender.

L! Aprendizado multimídia

Aprenda com diversas mídias. Assista a DVDs ou filmes com som original, se possível com as legendas originais – por exemplo, um filme inglês com legendas em inglês. Você verá que quando se lê o mesmo texto que se ouve, a compreensão é sensivelmente melhor do que ouvir sem texto algum. Pause o DVD em alguns momentos e escreva palavras, frases ou estruturas gramaticais que achar interessantes. Você poderá avaliar seu progresso pela frequência de erros gramaticais que constatar nas falas dos atores.

L! Aprender livremente

O melhor vem por último: usar a língua. Viajar aos países em que a língua é falada, ter o prazer de conversar com as pessoas na língua que você está aprendendo ou pode vir a aprender e desfrutar do reconhecimento que obterá dos contatos que poderá fazer – pois idiomas abrem portas...

Nós, da Redação Langenscheidt, desejamos que você se divirta aprendendo inglês!

The Article

1 Artigo

A1

☼ O uso e a função do artigo em inglês são semelhantes aos que se tem em português, ainda que se deva atentar a algumas peculiaridades. Quando se fala em algo universal, em inglês, normalmente, não se usa artigo, empregado quando se tem em vista algo determinado.

1.1 Artigo definido

☼ O artigo definido é the, que incide diante de inumeráveis substantivos. Ele não varia em gênero (masculino ou feminino) ou número (singular ou plural).

the man (o homem)	the woman (a mulher)	the child (a criança)
the birds (os pássaros)	the bags (as bolsas)	the cars (os carros)

- Diante de palavras iniciadas com consoantes, o the [ðə].

the bank (o banco)	the hotel (o hotel)

- Diante de palavras que, na pronúncia, se iniciem com vogal, the é pronunciado como [ðɪ]. ⚡: No inglês americano, frequentemente se pronuncia apenas [ðə].

the article (o artigo)	the Internet (a internet)

Uso

- Todos dos dias da semana, meses e anos, bem como dias festivos, aparecem como indicações de tempo universal, sem o the.

on Monday (na segunda-feira)	in June (em junho)
at Easter (na Páscoa)	

No entanto, o artigo definido é empregado quando se tem em mente um tempo definido:

on **the** Saturday of the accident (no sábado do acidente), **the** Easter that we stayed with Jack (a Páscoa que passamos com Jack).

- As refeições (**breakfast, lunch, dinner**) normalmente, são referidas sem o **the**, a não ser que haja uma descrição mais detalhada.
  Dinner is at eight. (O jantar é às oito.)
  ⚡ Mas: **The dinner I had with Sally was great.**
  (O jantar que tive com Sally foi ótimo.)

- Construções com **by** + meios de transporte são feitas sem o artigo definido.

| **by** car (de carro) | **by** bus (de ônibus) |

- Nomes de algumas pessoas, bem como relações de parentesco, são indicados sem **the**. Isso vale também para quando houver um adjetivo ou título diante de nome: **Dad, Grandma, Peter, Dr Brown,** (*inglês americano:* **Dr. Brown**)**, poor Sally** etc. Na maioria das vezes, emprega-se o artigo definido tal como em português: **the** Johnsons, **the** Jacksons etc.

- Nomes de países, ruas, construções, montes ou montanhas e mares, com poucas exceções, são usados sem **the**.

Turkey (a Turquia)	Windsor Castle (Castelo de Windsor)
Times Square (a Times Square)	Lake Geneva (o lago de Genebra)
Mount Fuji (o monte Fuji)	

⚡ Mas: **the** US (os Estados Unidos), **the** UK (o Reino Unido), **the** Netherlands (a Holanda/os Países Baixos).

- Usa-se o artigo diante da maioria dos montes, montanhas e cordilheiras que não sejam em inglês e para os quais não se empregue **Monte** ou **Mont** antes do nome.

Artigo

the Alps (os Alpes)   **the** Andes (os Andes)
the Matterhorn (a [montanha] Matterhorn)

⚡ Em geral, conceitos abstratos e incontáveis, como música, água, vida, são empregados sem the.

Life is beautiful. (A vida é bela.)
I like music. (Gosto de música.)

- No entanto, se conceitos abstratos vierem a ser elucidados por um complemento adicional, emprega-se o artigo definido.
I like **the** music of Bach. (Gosto da música de Bach.)
I met my wife in **the** spring of 1999. (Conheci minha esposa na primavera de 1999.)

- Para instituições e organizações, como church, hospital, school etc., não se usa artigo quando sua função se mantém como pano de fundo. Quando se estiver falando em construções concretas, emprega-se o artigo. ⚡: Em inglês americano, frequentemente, quando se estiver referindo a ambos os casos, não se emprega o artigo.
I go to church on Sundays. (Vou à igreja aos domingos.)
She has to stay in hospital. (Ela tem de ficar no hospital.)
⚡ Mas: She went to the school to talk to the teacher. (Ela vai à escola para falar com o professor.)

Antes de most não se usa artigo, a não ser em caso de comparação. Most people like roses. (A maioria das pessoas gosta de rosas.)
Most of the girls were Irish. (A maioria das garotas era irlandesa.)
⚡ Peter ate the most. (Peter comeu a maior parte.)

- O artigo definido é usado depois de half, double, twice e all. Ocasionalmente ele vem depois de both, mas nunca antes.

Artigo

half **the** time (metade do tempo)   double **the** price (o dobro do preço)
twice **the** distance (o dobro   all **the** time (o tempo inteiro)
da distância)
both boys/both **the** boys (ambos os garotos)

1.2   Artigo indefinido

☼ O artigo indefinido **a** [ə] é usado antes de palavras cuja pronúncia começa com uma consoante. Isso vale também para as que se iniciarem com um **u** que for pronunciado como ditongo, por exemplo, **university** [ˌjuːnɪˈvɜːsətɪ].

Diante de palavras cuja pronúncia comece com vogal, emprega-se o artigo indefinido **an** [ən]. Isso vale também para o **h**, não pronunciado, como em **hour** [ˈaʊə].

a shoe (um sapato)   **an** airport (um aeroporto)
a bank (um banco)   **an** hour (uma hora)

Uso

- ☼ O artigo indefinido **a/an** é empregado com coisas incontáveis e, diferentemente do português, é empregado também em informações referentes a profissões, nacionalidade, religião e pertencimento a grupos. Tal como no português, é usado diante de algumas doenças.
  I'm **a** Hindu. (Sou hindu). He's **a** Canadian. (Ele é canadense.) Are you **a** doctor? (O senhor é médico?) I've got **a** cold. (Peguei um resfriado.)

- Na referência a coisas contáveis, na maioria das vezes o artigo indefinido é omitido ou se usam as palavras **some** e **any** (▷ ⑥).
  I met (**some**) friends in the park. (Encontrei (alguns) amigos no parque.) Did you see (**any**) apples on the table? (Você viu maçãs na mesa?)

Artigo

- Em indicações de preço, velocidade e frequência, emprega-se a/an.
  Potatoes were 50 pence **a** kilo. (As batatas custam 50 centavos o quilo.) We did about 10 miles **a** day. (Percorremos cerca de 10 milhas por dia.)

- Antes de hundred, thousand ou million usa-se o artigo indefinido a ou, para se enfatizar, one.
  Only **a** hundred and twenty days to go. (Apenas cento e vinte dias.) Our library has got **one** million books. (Nossa biblioteca tem um milhão de livros.)

⚡ Antes de muitas palavras, que só existem no plural, não se usa o artigo indefinido a/an. Em vez disso usa-se some/any, a pair of ou então nada.

(a pair of) trousers (calças)	inglês americano: (a pair of) pants (calças)
(a pair of) jeans (jeans)	(a pair of) glasses (óculos)

- O artigo indefinido é usado depois de half e quite e pode vir tanto antes quanto depois de rather.
  It weighs half **a** kilo. (Pesa meio quilo.) They made quite **a** noise. (Eles fizeram bastante barulho.)
  She's rather **a** nice/**a** rather nice teacher. (Ela é uma professora realmente legal.)

⚡ A/an não é empregado com information, advice ou news. Quando se quer indicar que se trata de informações individuais etc., pode-se antepor a/one piece of.
He's got good news for us. (Ele tem uma boa notícia para nós.) Have you got any advice? (Você poderia me dar algum conselho?)

Olhando de perto 🔍

Artigo

Ainda que em inglês não haja flexão de gênero, o emprego do the e de a/an não é tão simples quanto possa parecer.

L! A pronúncia do artigo depende do fonema inicial da palavra seguinte. Sobretudo no inglês britânico, antes de consoantes se pronuncia [ðə] ou [ə] e, antes de vogais, [ðɪ] ou [ən]. Em inglês americano, sobretudo no caso do artigo definido, frequentemente a pronúncia não se altera.

Com ou sem artigo, veja os grupos de palavras a seguir: (⚡ Existem diversas exceções.)
- **Sem artigo:**
  incontáveis (water, air)
  abstratos (music, art)
  coisas gerais no plural (computers)
  países (Britain, Spain, Germany)
  montes (Mt McKinley, Mt Fuji)
  continentes (Europe, Africa)
  ruas (Brighton Road)
  lagos (Lake Michigan)
  planetas (Saturn, Venus)
  refeições (lunch, dinner)
  TV (watch TV)
  meses (in July, in September)
  substantivos sucedidos de números: track, platform, size, gate, page, room, question (room 12, platform 9½) most (most children).

> **Olhando de perto**

- **Com artigo**:
  contáveis (the/a dog, the/a house)
  especiais (the love of a child, the computer)
  conceitos coletivos (the poor, the unemployed)
  nacionalidades (the/an American)
  profissões (the/a teacher, the/a policewoman)
  eventos únicos (the moon, the sun)
  denominações religiosas (the/a Muslim, the/a Catholic)
  navios (the Titanic, the Queen Mary II)
  rios (the River Rhine, the Humber)
  oceanos (the Atlantic Ocean)
  hotéis (the Toronto Inn)
  rádios (listen to the radio)
  jornais (the Guardian, the newspaper)
  após *without* (without the/a car)
  superlativos (the fastest car)
  um certo (a Mr Rush, a Ms Mole).

⚡ Ao contrário da colocação normal do artigo antes de um substantivo, nas expressões a seguir o artigo aparece em segundo lugar: half the ..., double the ..., twice the ..., all the ... assim como half an hour (*inglês americano:* também a half hour), half a dozen (no Canadá: a half a dozen), many a ... (= more than a few), such a ..., quite a ....

❶ O uso do artigo definido na estrutura do comparativo (the ... the ...) (▷ **3.1**) corresponde ao português "quanto mais... mais": The more I think about it the less I know what to do. (Quanto mais eu penso nisso, menos sei o que devo fazer.)
The sooner, the better. (Quanto antes, melhor.)

The Noun

2 Substantivo

☼ Os substantivos podem ser concretos ou abstratos; designam pessoas ou coisas; com exceção dos nomes próprios, são escritos com inicial minúscula; e variam em número.

2.1 Iniciais maiúsculas nos substantivos

Os substantivos em inglês são escritos com inicial minúscula, atentando-se para as seguintes exceções:
- Nomes próprios, formas de tratamentos, títulos: Julie, Mr (*inglês americano:* Mr.) Brown, Dr (*inglês americano:* Dr.) Smith
- Nomes de povos e de línguas: the English, the Germans, French, Spanish
- Nomes de locais e de países: London, Australia
- Dias da semana e meses: Thursday, April
- Festas e dias festivos: Christmas, New Year's Eve, Thanksgiving
- Religiões e filiações religiosas: Buddhism, Christianity, Protestant, Muslim
- Relações históricas: World War II, the Treaty of Utrecht
- Organizações e instituições: the Royal Air Force, the US (*inglês americano:* U.S.) Navy
- Títulos de livros, filmes e músicas: Pride and Prejudice, Jurassic Park

2.2 Gênero

☼ Os substantivos inanimados costumam não ter gênero. Para evitar equívocos, designativos de profissões exercidas por mulheres são por vezes caracterizados

Substantivo

como woman, female ou lady , nos quais o uso de female e woman empresta ao termo uma conotação mais objetiva, enquanto lady soa especialmente cortês.

(female) politician (política)	(female/lady) doctor ([o] modelo)
(female) student (estudante)	(woman/female) teacher (enfermeiro)

Em profissões que antes eram exercidas sobretudo por mulheres, por vezes se usa male para homens antes do nome da profissão.

model ([a] modelo)	(male) model ([o] modelo)
nurse (enfermeira)	(male) nurse (enfermeiro)

Em alguns substantivos, empregam-se palavras diferentes para o masculino ou o feminino.

boyfriend (namorado)	girlfriend (namorada)
prince (príncipe)	princess (princesa)

2.3 Plural

Formas

☼ Na maior parte dos casos, o plural de um substantivo é formado adicionando-se -s à sua forma no singular.

Singular	Plural
letter (carta)	letters (cartas)
house (casa)	houses (casas)
car (carro)	cars (carros)
room (quarto)	rooms (quartos)

Em substantivos terminados em -s, -z, -sh, -ch e -x acrescenta-se -es.

Singular	Plural
bus (ônibus)	bus**es** (*inglês americano:* busses) (ônibus)
wish (desejo)	wish**es** (desejos)
church (igreja)	church**es** (igrejas)
box (caixa)	box**es** (caixas)

Em substantivos que terminem com um -y precedido por consoante, no plural o -y se converte em -ies.

Singular	Plural
baby	bab**ies**
hobby	hobb**ies**
lobby	lobb**ies**

Se -y for precedido por vogal, apenas se acrescentará um -s.

Singular	Plural
boy (garoto)	boy**s** (garotos)
day (dia)	day**s** (dias)
guy (rapaz)	guy**s** (rapazes)

2.3.1 Plurais irregulares

- Em substantivos que terminam em -f ou -fe frequentemente a forma plural terminará em -ves:
  wife – wives, knife – knives, life – lives, half – halves
  ◗ Exceções: roof – roofs, handkerchief – handkerchiefs

- O plural de alguns substantivos terminados -o em recebem a terminação -oes.
  potato – potatoes, tomato – tomatoes, echo – echoes

Substantivo

- O plural de outros é formado com o sufixo -s.
  Formas abreviadas como photo – photos, kilo – kilos
  Nomes de povos como Eskimo – Eskimos, Navajo – Navajos, Filipino – Filipinos
  Palavras estrangeiras como macho – machos, piano – pianos
  Palavras terminadas em -eo ou -io: video – videos, radio – radios, studio – studios

- O plural de man é men, inclusive em substantivos compostos: Dutchman – Dutchmen, Scotsman – Scotsmen, chairman – chairmen
  ◐ Norman – Normans, Roman – Romans
  De modo semelhante, o plural de woman – women ['wɪmɪn]. Em substantivos compostos, ambas as partes recebem uma terminação plural: woman teacher – women teachers

- As palavras a seguir têm plurais irregulares:

child – children, foot – feet, tooth – teeth, mouse – mice, person – people

Algumas poucas palavras não flexionam no plural:

sheep – sheep, fish – fish

O mesmo vale para designações de nacionalidades terminadas em -ese ou -ss:

Swiss – Swiss, Chinese – Chinese, Japanese – Japanese

Uso
☼ Coisas que consistam em duas partes iguais são designadas sempre no plural.

Substantivo

glasses (óculos)	jeans (jeans)
leggings (leggings)	pants (cuecas)
pyjamas (*inglês americano:* pajamas) (pijamas)	scissors (tesouras)
shorts (shorts)	(inglês britânico) tights: meia-calça
trousers (calças)	trunks (sungas/calções de banho)

O mesmo vale para as palavras a seguir, derivadas de verbos.

clothes (roupas)	congratulations (felicitações)
goods (bens, mercadorias)	headquarters (quartel-general)
looks (aparência)	thanks (obrigado/a)

❶ Apesar de sua forma singular, no inglês britânico a palavra police é concebida como plural, enquanto no inglês americano é eventualmente associado a um verbo no singular.

⚡ As palavras a seguir sempre são acompanhadas por um verbo no singular.

advice (conselho/s)	furniture (mobília)
information (informação/ões)	knowledge (conhecimento)
the media (mídia/s)	news (notícia/s)
progress (progresso/s)	United States (Estados Unidos)

⚡ As designações de muitos grupos são consideradas singulares, a depender de o grupo ser representado como unidade fechada (singular) ou como membros individuais (plural).

army (exército)	audience (público, ouvintes)
class (classe)	group (grupo)
family (família)	crowd (multidão)
party (festa)	orchestra (orquestra)
staff (pessoal)	team (time)

2.4 Genitivo

O genitivo mostra uma relação de posse e é formado com substantivos (nomes de pessoas, países e organizações) adicionando-se 's.
This is Mary's father. (Este é o pai de Mary.)
Who is Germany's best writer? (Quem é o melhor escritor da Alemanha?)

Nos plurais irregulares também se acrescenta 's.
The children's room is upstairs. (O quarto das crianças fica no andar de cima.)
She bought some women's magazines. (Ela comprou algumas revistas femininas.)

☼ Se o substantivo terminar em -s, apenas se acrescenta o apóstrofo ao -s.
The Johnsons' new car is very fast. (O carro novo dos Johnsons é muito rápido.)
Dickens' novels are great.
(Os romances de Dickens são excelentes.)

No caso de coisas, normalmente se opta por uma construção com of.
What's the title of the book? (Qual é o título do livro?)
I had the happiest day of my life. (Tive o dia mais feliz da minha vida.)

Com diversos substantivos, além de of usa-se também o genitivo 's. Esta forma é empregada com nomes de lugares e países, bem como nos complementos de tempo, como today, yesterday etc.
Brazil's rainforest is in danger. (A floresta tropical do Brasil está em risco.) Tomorrow's game will be interesting. (O jogo de amanhã será interessante.)

Olhando de perto 🔍

Substantivo

G Substantivos em inglês não têm flexão de gênero.
(◐ Tem-se uma exceção no caso de nomes próprios.)
Normalmente, os substantivos são escritos com inicial minúscula, mas com maiúscula grafam-se:
- nomes próprios (Jack Olson)
- títulos, nomes de lugares e de países (Dr Jones, Oxford, New Zealand)
- nacionalidades (⚡ também como adjetivos) (Italy, Italian, an Italian restaurant)
- montes, rios, ruas, lugares etc. (Ben Nevis, the Missouri, Oxford Street, Washington Square)
- nomes de dias e meses (Monday, June)
- feriados (Christmas Eve, Easter Monday)
- religiões e denominações (Buddhism, Protestantism)
- o pronome pessoal "eu" (I)
- abreviações de instituições (NASA, BBC)

Plural

G Na maioria das vezes, substantivos contáveis apresentam a forma plural padrão terminada em -s (por exemplo, doors, windows). São variações e exceções:
- substantivos terminados em -s, -z, -ch, -sh, -x cujo plural termina em -es (churches, boxes, wishes)
- consoante + y converte-se em -ies (countries, babies)
- vogal + y converte-se em -s (boys, days, ways)
- plurais terminados em -oes (potatoes, tomatoes, heroes)
- plurais terminados em -ives (lives, knives, halves)

> Olhando de perto

- Formas invariáveis (fish, salmon, deer, sheep)
- Formas irregulares (children, women, men, mice, feet, teeth, oxen [bois], geese [gansos], lice [piolhos])
- Substantivos plurais (glasses, jeans, trousers, shorts, pyjamas, scissors, tights, trunks)

❶ Alguns substantivos (sobretudo em inglês britânico) designam um coletivo. O verbo que os acompanham fica no plural. A ele pertencem: army, family, class, group, people, police, public etc.
Entretanto, um pequeno grupo de substantivos, apesar de sua forma plural, é singular, e o verbo concorda no singular. A esse grupo pertencem, entre outros, United States, United Nations, the Netherlands, the media e a palavra news. (The news is next. A seguir, as notícias.) Palavras sem forma plural e com verbo no singular são, por exemplo, bread, hair, fun, information, money, furniture, traffic. (I need some information about the building. – Eu preciso de informações sobre o edifício.)

O genitivo

O genitivo em inglês é formado com 's ou com of.

Aplicam-se as regras a seguir:
- nomes (Paula's new boyfriend)
- indicações de valor (100 dollar's worth of clothes)
- indicações de lugar e tempo (Canada's woods)
- indicações de tempo (today's newspaper)
- plural terminado em s' (the Jacksons' new car)
- plural irregular (children's room)
- coisas (the music of Madonna)

3 Adjetivo

☀ Em inglês, a forma dos adjetivos não muda, independentemente de qualificarem substantivos masculinos, femininos ou neutros, no singular ou no plural.

| a **nice** boy | a **nice** girl | a **nice** car | **nice** children |

Forma

Os adjetivos podem ser posicionados antes dos substantivos ou após os verbos **be, become, get, grow, remain, seem, stay** e **turn**. **My car is red.** (Meu carro é vermelho.) **Her hair turned white.** (O cabelo dela ficou branco.)

☀ Os adjetivos podem ser usados após verbos que designam sensações ou percepções, como **look, feel, smell, sound, taste**, mas também pode-se usar o verbo **be** para indicar um estado ou característica do substantivo.
The soup tasted bad. (A sopa estava ruim.)

3.1 O comparativo e o superlativo

Os adjetivos monossílabos recebem ao final **-er/-est** (para os graus comparativo e superlativo, respectivamente).

Forma básica	Comparativo	Superlativo
long (longo)	long**er** (mais longo)	long**est** (o mais longo)

Em palavras com estrutura final consoante-vogal-consoante, a última consoante será duplicada.

| big (grande) | big**g**er (maior) | big**g**est (o maior) |

Após um **-e** mudo, adicionam-se **-r/-st**.

| close (perto) | close**r** (mais perto) | close**st** (o mais perto) |

Adjetivo

⚡ Aos adjetivos de duas sílabas terminados em -er, -le, -ow também são acrescentados os sufixos -er/-est. No caso dos adjetivos terminados em -y um -i- passa a substituir o y.

happy (feliz)	happier	happiest
narrow (estreito)	narrower	narrowest

◐ Exceções: eager (ávido), more eager, most eager

☼ Com outros adjetivos polissílabos, usam-se as palavras more e most antepostas ao adjetivo.

famous (famoso)	more famous	most famous

Adjetivos terminados em -ing ou -ed também são acompanhados por more e most.

bored (entediado)	more bored	most bored

◐ Os graus comparativo e superlativo dos adjetivos a seguir são irregulares.

bad (mau)	worse	worst
far (longe)	further/farther	furthest/farthest
good (bom)	better	best
much/many (muito)	more	most
little (pouco)	less	least
little (pequeno)	smaller	smallest

3.2 Comparações

A1

Quando, numa comparação, se quer expressar igualdade (tão/tanto... quanto/como), usa-se a construção as ... as. You're **as** old **as** my father. (Você tem a idade de meu pai/ Você é tão velho quanto meu pai).
Quando se quer formar o comparativo de superioridade ou de inferioridade, usa-se than (do que). You're older **than** me. (Você é mais velho do que eu.) A construção

quanto mais... mais é feita com **the** + comparativo ... **the** + comparativo. **The older she gets, the more careful she gets.** (Quanto mais velha, mais cautelosa.)
Para expressar o sentido de continuidade, usa-se -er e -er ou more e more. **Her hair is getting longer and longer.** (Os cabelos [dela] vão ficando cada vez mais longos.)
The film got more and more interesting. (O filme foi ficando cada vez mais interessante.)
Para o comparativo de inferioridade menos + adjetivo usa-se less + adjetivo.
The test was less difficult than I thought. (A prova foi menos difícil do que eu pensava.)

3.3 Adjetivos substantivados

Muitos adjetivos podem ser empregados também como substantivos. São usados com artigo definido, mas sem -s no final.

the poor (os pobres)	the unemployed (os desempregados)

Entre esses adjetivos encontram-se muitas designações de nacionalidade.

the British (os britânicos)	the Chinese (os chineses)

Alguns adjetivos passaram a ser substantivos (em sua maioria, com -s): a vegetarian/some vegetarians (um/alguns vegetariano/s).
A esse grupo pertencem algumas nacionalidades: a German (um/a alemão/ã), a Scot (um/a escocês/esa).

3.4 O termo "one"

Para não ser preciso repetir um substantivo contável, insere-se em seu lugar one ou ones (maioria). **This shirt is dirty. Have you got a cleaner one?** (Esta camisa está suja. Você teria uma mais limpa?)

The Adverb

(4) Advérbio

Um advérbio é uma palavra que expressa uma circunstância, frequentemente descrevendo o modo com que uma ação ocorre.

She sings **beautifully**.   verbo + advérbio

☼ Um advérbio pode também especificar um adjetivo, outro advérbio ou uma oração inteira.

She is **very** nice.	advérbio + adjetivo
She sings **quite** beautifully.	advérbio + advérbio
Luckily, he's a doctor.	advérbio + oração

Formas e uso

Existem dois tipos de advérbios: os que são derivados de adjetivos e terminam em -ly, e os que são originalmente advérbios e especificações de tempo e lugar como: always, soon, now, last week, on Monday, at home etc.

Na derivação com o sufixo -ly existem algumas peculiaridades.

- terminação em -le torna-se -ly   simple – simply
- terminação em -y torna-se -ily   easy – easily
- terminação em -ic torna-se -ically   tragic – tragically

◖ Exceções: public – publicly

A terminação muda -e desaparece nos seguintes adjetivos: true – truly, due – duly, whole – wholly

⚡ Adjetivos de tempo terminados em -ly (daily, weekly, monthly, yearly, hourly) podem ser empregados como advérbios.

(adjetivo) This is my **daily** work. (Este é meu trabalho diário.)
(advérbio) She visits him **daily**. (Ela o visita diariamente.)

⚡ Quando se tornam advérbios, alguns adjetivos recebem novo significado quando se acrescenta a terminação -ly.

Advérbio

Adjetivo	Advérbio	Advérbio com -ly
deep (profundo)	deep (profundo)	deeply (profundamente)
hard (duro)	hard (duro, pesado)	hardly (duramente)
high (alto, elevado)	high (alto, elevado)	highly (altamente)
late (tarde, tardio)	late (tarde, tardio)	lately (tardiamente)
near (próximo, perto)	near (próximo, perto)	nearly (quase)

Também o significado dos advérbios a seguir diverge do sentido do adjetivo.

barely (apenas/mal)	mostly (na maioria das vezes)
fairly (razoável bastante)	scarcely (mal)
justly (com razão)	shortly (em suma)

⚡ Alguns adjetivos terminados em -ly (friendly, lonely, lovely, silly) não constituem advérbios isoladamente. Nesse caso, é preciso utilizar uma expressão adequada. She gave me a friendly smile. (Ela me lançou um sorriso amistoso.)

Algumas palavras têm outro significado, a depender de serem empregadas como adjetivo ou como advérbio.

	Adjetivo	Advérbio
just	justo	justamente, precisamente,
only	somente, apenas	agora mesmo
pretty	belo	somente, apenas
well	saudável	realmente
		bem, bom

4.1 O comparativo e o superlativo

Todos os advérbios monossílabos, como early, recebem as terminações -er/ -est. Tal como acontece com os adjetivos, recebem a terminação -er/ -est e o -y passa a ser -i-.

Advérbio

Forma básica	Comparativo	Superlativo
fast (rápido)	faster	fastest
late (tarde)	later	latest
early (cedo)	earlier	earliest

☼ Aos advérbios polissílabos são acrescentados more/most.

happily (felizmente)	more happily	most happily
regularly (regularmente)	more regularly	most regularly
often (frequentemente)	more often	most often

◗ Os advérbios a seguir são irregulares.

well (bem)	better	best
badly (mal)	worse	worst
much (muito)	more	most
little (pouco)	less	least
far (longe)	further/farther	furthest/farthest

4.2 Comparações

A2

As comparações com as ... as e than são formadas tal como ocorre com os adjetivos (▶ 3.2).

4.3 Ordem dos termos na oração

Os advérbios de modo (que respondem à pergunta "como?") que complementam um verbo, no caso dos verbos transitivos, aparecem antes do verbo principal, após o verbo auxiliar ou após o objeto. He **quickly** finished his tea. (Terminou seu chá rapidamente.)

Nos verbos transitivos (sem objeto), são inseridos após o verbo. It rained **heavily.** (Chovia torrencialmente.)

Advérbio

Os advérbios que especificam lugar (em resposta à pergunta "onde?") e tempo ("quando?"), na maioria das vezes, aparecem no final e no início da oração; os advérbios que respondem à pergunta "para onde?" aparecem no final da sentença.
I'm going **to town.** (Vou à cidade.) He's coming **at half past four.** (Ele chega às quatro e meia.) **In Spain,** people eat very late. (Na Espanha, as pessoas comem bem tarde.)

Advérbios de frequência (always, usually, often, never etc.) normalmente aparecem antes do verbo principal, porém antes do verbo to be ou após o primeiro verbo auxiliar. Para ênfase, alguns desses advérbios podem vir também no início da oração.
He **usually** sleeps until ten. (Ele costuma dormir até dez horas.) They have **never** seen their father. (Eles nunca viram o próprio pai.) **Sometimes** he plays football all day. (Às vezes ele joga futebol o dia inteiro.)

➕ Quando advérbios de diferentes categorias aparecerem na mesma sentença, normalmente, vale a ordem a seguir:
- advérbios de modo antes de lugar;
- advérbios de lugar antes de tempo;
- indicações precisas de tempo antes de indicação geral de lugar.

We met at the theatre at eight. (Nós nos encontramos no teatro às oito.) They got married at 10 am on Sunday. (Eles se casaram às dez horas da manhã, no domingo.)

Quando se relacionam com outros advérbios, os advérbios de grau (almost, hardly, just, quite, too, very etc.) aparecem antes do adjetivo ou advérbio. Quando se relacionam com verbos, aparecem na posição intermediária entre sujeito e verbo ou entre verbo auxiliar e verbo principal.
He **hardly eats** when he has to write a test.
(Ele quase não come quando tem de fazer prova.)

At a glance

Olhando de perto 🔍

Adjetivo

G Os adjetivos indicam propriedades de pessoas e coisas. Qualificam sempre um substantivo.

- Terminações de adjetivos bastante frequentes são -able, -ful, -ible, -ic, -cal, -ish, -less, -ly, -ous, -y (beautiful, heroic, foolish)
- Após os verbos a seguir, usa-se, normalmente, um adjetivo (⚡ e nenhum advérbio): be, become, get, grow, remain, seem, stay, turn (The tree is still green. The dogs remained calm.)
- Terminações dos graus comparativos:
  monossílabos: -er, -est (hot, hotter, hottest)
  dissílabos terminados em -y, -er, -le, -ow, -er, -est (busy, busier, busiest)
  dissílabos não terminados em -y more, most (nervous, more nervous, most nervous)
  polissílabos: more, most (careful, more careful, most careful)
- ⚡ Irregulares:
  good – better – best
  bad – worse – worst
  far – farther/further – farthest/furthest
  little – smaller – smallest
  little – less – least
  much/many – more – most
  old – elder/older – eldest/oldest
- Comparações:
  tanto ... quanto as ... as (Mary is **as** tall **as** Joe.)
  comparativo + do que (Mary is taller **than** Joe.)
  comparativo + do que + pronome (Mary is taller **than** me/I am.)

Olhando de perto

Advérbio

G Os advérbios qualificam o modo das atividades. Mas podem também qualificar adjetivos, outros advérbios, partes de orações ou sintagmas e também orações inteiras.

- Existem advérbios derivados de adjetivos; são formados com o sufixo -ly (carelessly, beautifully). Da mesma forma, existem advérbios que não são palavras derivadas (tomorrow, perhaps, behind the tree).
- ⚡ Após os verbos que expressam percepção (por exemplo, look, smell, taste) não se usa advérbio, mas adjetivo, que, qualquer que seja, indica um estado ou característica (He looks great today. The milk smells bad.).
- Terminações dos graus comparativos:
  monossílabos: -er, -est (fast, faster, fastest)
  alguns dissílabos: -er, -est (heavy, heavier, heaviest)
  polissílabos e as formas terminadas em -ly: more, most (carefully, more carefully, most carefully)
- ⚡ Aumentativos irregulares:
  well – better – best
  badly – worse – worst
- Alguns adjetivos não têm advérbios derivados, outros têm duas formas adverbiais derivadas, por exemplo:
  adjetivo: fast (rápido) – advérbio: fast
  adjetivo: hard (pesado, duro) – advérbios: hard (duro, pesado), hardly (quase não, dificilmente)
- ❶ Os adjetivos a seguir não podem ser empregados como advérbio: costly, deadly, friendly, lonely, lovely, ugly, unlikely.

5 Pronome

☼ Um pronome exerce a função de substituir um nome. Empregam-se pronomes para que o nome de uma pessoa ou de uma coisa, por exemplo, não tenha de ser repetido. Há também pronomes, como é o caso dos demonstrativos, que são inseridos como um artigo diante de um substantivo, cumprindo a função de determinantes.

5.1 Pronomes pessoais

Os pronomes pessoais em inglês podem ser usados como sujeito ou como objeto para indicar uma única ou mais pessoas.

Sujeito	Objeto
I (eu)	me (me)
you (você)	you (o/lo/lhe)
he (ele)	him (o/lo/lhe)
she (ela)	her (a/la/lhe)
it (ele/ela) (para coisas e animais)	it (o/a/lo/la/lhe)
we (nós)	us (nos)
you (vós)	you (vos)
they (eles)	them (lhes)

❶ O vocativo é sempre o you, que corresponde precisamente a "você", devendo ser traduzido por "você", uma vez que a forma arcaica "tu" = thou não mais é empregada. E, normalmente, usa-se o it para se referir aos animais (the elephant – it) e aos objetos inanimados. Mas os animais com os quais se tenha uma ligação emocional, ou de quem se quer enfatizar a diferença de sexo, podem ser referidos de acordo com o gênero (he/she): What's your dog's name? – **He**'s called Ben.

Objetos são normalmente referidos pelo pronome it: What colour is your coat? – **It**'s brown. No entanto, barcos e navios eventualmente são referidos no feminino: Is this your new boat? – Yes, I bought **her** a week ago in France.

Para indicar um objeto direto com um pronome (me, o etc.), emprega-se o pronome depois do verbo. I met **her** in a pub. (Eu a encontrei num pub.)

Para indicar um objeto indireto com um pronome (me, lhe etc.), na maioria das vezes, são usadas as preposições to ou for antes do pronome. I sent the book **to her.** (Enviei o livro para ela.)

⚡ Em determinados verbos, pode-se omitir as preposições to e for. Nesses casos, o pronome continua logo após o verbo. Entre os verbos que regem a preposição to estão bring, give, hand, lend, offer, owe, pass, promise, sell, send, show, teach, tell, write. I sent **her** the book. She gave **him** the money.

Entre os verbos que regem a preposição for estão buy, cook, fetch, find, get, leave, make, save. She bought **him** a book.

Quando dois objetos são introduzidos por pronomes, há duas possibilidades de ordenações dos termos da oração, e a segunda é a menos utilizada.
We gave **it to them.**/We gave **them it.** (Nós o demos para eles.)

5.2 Pronome possessivo

☼ Os pronomes que indicam posse, de uso adjetivado (meu, teu, seu etc.) não variam com o adjetivo que especificam, nem de acordo com sua função sintática.
This is **her** car. (Este é o carro dela.) Do you like **my** new trousers? (Gostou das minhas calças novas?)

Singular	Plural
my (meu, minha, meus, minhas)	our (nosso, nossa, nossos, nossas)
your (seu, sua, seus, suas)	your (seus, suas)
his (dele)	their (deles, delas)
her (dela)	
its (dele, dela)	

5.2.1 Pronome possessivo autônomo

O pronome possessivo autônomo é utilizado para substituir um pronome possessivo e o substantivo (por exemplo, his wife). À exceção de mine, its e his os outros pronomes são compostos pela adição de um -s ao pronome possessivo original.

Singular	Plural
mine (meu, minha, meus, minhas)	ours (nosso, nossa, nossos, nossas)
yours (seu, sua, seus, suas)	yours (seus, suas, de vocês)
his (dele)	theirs (deles, delas)
hers (dela)	
its (dele, dela)	

That's her house, this is **ours**. (Aquela é a casa dela, esta é a nossa.)
Is this your shirt or **mine**? (Esta é a sua camisa ou a minha?)

5.3 Pronome reflexivo

O pronome reflexivo é utilizado quando a ação do verbo recai sobre a pessoa que age. Acrescentam-se ao pronome pessoal as terminações -self (singular) ou -selves (plural).

Pronome

Singular	Plural
myself (me/mim/comigo)	ourselves (nós/conosco)
yourself (te/ti/contigo)	yourselves (vós/convosco)
himself (se/consigo)	themselves (eles/elas)
herself (se/consigo)	
itself (se/consigo)	

She cut **herself**. (Ela se cortou.)
He did it **by himself**. (Ele o fez sozinho.)

Existem alguns verbos em inglês que, ao contrário de seus correspondentes em outras línguas, não são reflexivos. Entre eles:

change/get changed (trocar-se/mudar de roupa)	concentrate (concentrar-se)
dress/get dressed (vestir-se)	hurry (up) (apressar-se)
be interested in (interessar-se por)	hurt/get hurt (ferir-se)
meet (encontrar-se)	move (movimentar-se)
remember (lembrar-se)	get ready (aprontar-se)
sit down (sentar-se)	wash (lavar-se)

⚡ mutuamente/um ao outro – each other/one another

Quando se deseja expressar uma relação recíproca entre duas ou mais pessoas (para mostrar que interagem de algum modo), emprega-se então each other ou one another.
They sat in a café and talked to **each other** for hours. (Eles se sentaram num café e conversaram durante horas.)

Pronome

5.4 Pronome demonstrativo

	Singular	Plural
algo próximo	this	these
algo distante	that	those

No entanto, a escolha entre this/these und that/those é, muitas vezes subjetiva. **Is this** her T-shirt? (Esta é a camiseta dela?) How much are **these** bananas? (Quanto custam essas bananas?) **That**'s my school. (Esta é a minha escola.)
Did you buy **those** plates? (Você comprou aqueles pratos [ali]?)

Para indicar dias, semanas e meses usam-se, sobretudo, this e these. I talked to her **this** morning. (Falei com ela esta manhã.)
He seems to have no time **these** days. (No momento ele parece não ter tempo.)

5.5 Pronome relativo

Formas
Os pronomes relativos são os seguintes:

Referente a pessoas	Referente a coisas	Português
who, that	which, that	o que, o qual, quem
who, whom, that	which, that	do que, do qual, da qual, de quem
whose (of whom)	whose (of which)	cujo, cuja

Uso
Como sujeito (pergunta: *Quem? O quê?*), emprega-se quem ou o que para pessoas e which ou that para pes-

soas e animais (para o caso de relação emocional com animal, também se usa who). **The man who/that called was my father.** (O homem que ligou é meu pai.) **Where's the book which/that was lying on the table?** (Onde ficou o livro que estava na mesa?)

Como objeto direto (pergunta: *Quem? O quê?*) emprega-se, para pessoas, who ou that (raramente whom); e, para coisas e animais, which ou that (para o caso de relações emocionais com animais, também se usa who).
The teacher who/whom/that you don't like is my wife. (A professora de quem você não gosta é minha mulher.) **My cat, which/who/whom I loved very much, died last night.** (Meu gato, que eu amava muito, morreu na noite passada.)

Como adjunto adverbial de posse (pergunta: *De quem?*), whose é utilizado com pessoas e, com frequência cada vez maior, também com coisas.
Is this your friend whose parents live in New Zealand? (É esse o seu amigo cujos pais moram na Nova Zelândia?)

Como objeto indireto (pergunta: *De quem? Com quem?* etc.), emprega-se uma preposição (to, for etc.). Note-se que a proposição geralmente é posicionada após o verbo ou particípio.
I don't remember who she fell in love with. (Não consigo me lembrar por quem ela se apaixonou.)
Was that Ms Brown who you talked to on the train? (Aquela com quem você conversou no trem era a sra. Brown?)

☛ Em inglês formal, a preposição – assim como os pronomes interrogativos – é inserida antes do pronome relativo. Em relação a pessoas, emprega-se whom (for whom, with whom etc.) e, em relação a coisas, which (under which, through which etc.).

I do not remember with **whom** she fell in love. (Eu não lembro por quem ela se apaixonou.). This is the door through **which** she should come. (Esta é a porta pela qual ela deve passar.)

5.6 Pronome interrogativo

Em inglês, existem os seguintes pronomes interrogativos:

how …? (como ...?)	who …? (quem ...?)
what …? (o que ...?)	who(m) …? (de quem/a quem ...?)
when …? (quando ...?)	whose …? (de quem ...?)
where …? (onde ...?)	why …? (por que ...?)
which …? (qual/is ...?)	

Os pronomes interrogativos podem iniciar uma oração interrogativa, bem como introduzir orações subordinadas.
When did you meet him? (Quando você o conheceu?).
I met him **when** I was in Miami. (Eu o conheci quando estive em Miami.)

5.6.1 Who/whom

☼ Who é empregado tanto para interrogações sobre o objeto direto (*Quem?*) como após o indireto (*A quem? De quem?*). Em linguagem formal, whom é precedido de uma preposição (to, with etc.).
Who did you see? (Quem você viu?)
Who did you play with? (Com quem você jogou/brincou?)
With whom did you play? (Com quem você jogou/brincou?)

5.6.2 What/which + substantivo

What + substantivo introduz uma interrogação de caráter geral; com which + substantivo pergunta-se por uma pessoa ou coisas de um grupo determinado.

What bus do you take? (Que ônibus você pega?)
Which bus was he in? (Em que ônibus ele estava?)

5.7 Pronome indefinido

Entre os pronomes indefinidos estão some/any, every, no, non, neither, all, both, either, each e o pronome one.

Some/any

Some é empregado para coisas contáveis e incontáveis no plural:
- em enunciados positivos
- em perguntas para as quais se espera uma resposta positiva
- em pedidos ou questionamentos corteses
- no sentido de qualquer que seja, alguns, algo
  Some people don't like apples. (Algumas pessoas não gostam de maçãs.)
  Would you like **some** tea? (Você gostaria de um pouco de chá?)
  Have you got **some** time? (Você tem um tempo?)

Any é empregado para coisas contáveis e incontáveis no plural:
- em orações negativas, também com palavras como never, hardly, rarely, without etc.
- em interrogações, quando não se tem certeza quanto à resposta ou quando se espera uma resposta negativa
- no sentido de todo/cada (qualquer que seja), alguém, algum/uns
  He hasn't got **any** money. (Ele não tem dinheiro.)
  Has she got **any** friends? (Ela tem algum amigo?)

Pronomes compostos (somebody/anybody; someone/anyone; something/anything; somewhere/anywhere)

comportam-se como some e any. **Can I have something to drink?** (Posso beber alguma coisa?)
Did you see anyone? (Você viu alguém?)

No

No é empregado diante de substantivos e significa "nenhum(a)". No forma justaposições como nobody, no one/no-one (ninguém), nothing (nada) e nowhere (em lugar algum). **There's no sugar.** (Não tem açúcar.)
Nobody likes me. (Ninguém gosta de mim.)

Not ... any/none

E ainda not ... any também significa "nenhum/nenhuma", mas é empregado de modo menos formal, negando um verbo interposto.
I don't have any time. = **I have (got) no time.**

None [nʌn] (nenhum/a de muito/a/os/as) é inserido como sujeito da sentença, com ou sem of + substantivo.
None (of the students) got an A. (Nenhum [dos alunos] recebeu nota A.)

All

Após all (todo/a/os/as), emprega-se ou um substantivo no plural ou no singular (também com pronomes), ou uma construção com of + pronome ou artigo.
All children like ice cream. (Toda criança gosta de sorvete.)
She invited all (of) her friends. (Ela convidou todos os seus amigos.)

Both

Quando se fala de duas pessoas ou coisas, emprega-se both (ambos/ambas).
Both brothers are married. (Ambos os irmãos são casados.)

Para coordenar a sentença, usa-se a construção **both ... and**.
He's **both** intelligent **and** rich. (Ele é inteligente e rico.)

Either/neither

Either [ˈaɪðə; ˈiːðə] (qualquer um) refere-se a duas pessoas ou coisas. É empregado quando existe uma escolha entre duas coisas. Either of é inserido antes de pronome e artigo + substantivo.
Do you want to have a banana or an apple? – **Either. I don't care.** (Você quer uma banana ou uma maçã? – Qualquer um./Tanto faz.)
I don't like **either of** them. (Não gosto de nenhum dos dois.)

Neither [ˈnaɪðə; ˈniːðə] é a negação de either e significa "nenhum dos dois". Neither of é inserido antes de pronome e artigo + substantivo. O verbo subsequente é inserido no singular.
Can I call you on Saturday or Sunday? – No, **neither day is possible.** (Posso ligar para você no sábado ou no domingo? – Não, em nenhum dos dois dias é possível.)
Neither of my sisters lives in Rome. (Nenhuma de minhas irmãs vive em Roma.)

Each

Each (cada, todo/a) é empregado antes de pessoas ou coisas que devem ser consideradas separadamente.
Each of é inserido antes de pronome ou artigo + substantivo no plural.
Each boyfriend is different. (Todo namorado é diferente.)

Every

Enquanto each se refere a duas ou mais pessoas, every se refere a três ou mais pessoas ou coisas, que pertençam a um grupo. Por isso, every tem um sentido próximo de all.
Every morning I get up at 6 o'clock. (Toda manhã eu levanto às seis.)

Every (mas não each) permite composição, como some e any, formando everybody/everyone (todo/a/os/as), everything (tudo), everywhere (em todo lugar).

⚡ One's/you

O pronome possessivo para one é one's ou you. **One** has to look after **one's** health in old age. = **You** have to look after **your** health in old age. (Quando se está em idade avançada, é preciso cuidar da saúde.)

6 Quantificadores

6.1 A lot of/lots of

A lot of e lots of (muito/a/os/as) são empregados em orações afirmativas e negativas, bem como em perguntas, mas não o são após as, how, so, that, too e very. I eat **a lot of** ice cream. (Eu comi muito sorvete.) Seguindo-se um substantivo, a preposição of é suprimida. He smokes **a lot**. (Ele fuma muito.)

6.2 Much/many

Much (muito), usado diante de substantivos incontáveis, e many (muitos), diante de substantivos contáveis, são utilizados em orações negativas, em perguntas e após as, how, so, that, too e very. He doesn't have **much** money. (Ele não tem muito dinheiro.) She hasn't got **many** books. (Ele não tem muitos livros.) Do you travel **much**? (Você viaja muito?) Are there **many** shops in your town? (Tem muitas lojas em sua cidade?)

6.3 Few

Little (pouco) é empregado com substantivos incontáveis e few (poucos) é empregado com substantivos contáveis. Se diante de little e few houver um artigo indefinido, o sentido do enunciado se modifica. A few (alguns) é empregado com pessoas ou objetos contáveis; a little (um pouco/um tanto, algum), quando se tratar de algo incontável.
There are **few** things about her that I don't like. (Existem poucas coisas nela de que eu não gosto.) There are **a few** things about her that I don't like. (Existem algumas coisas nela de que eu não gosto.) They had **little** time for us. (Eles tinham pouco tempo para nós.) They had **a little** time for us. (Eles tinham algum tempo para nós.)

> At a glance

Olhando de perto 🔍

Pronome

G Pronomes são termos que substituem substantivos, partes de orações ou orações inteiras.

- Pronomes pessoais:
  como sujeito: I, you, he/she/it – we, you, they
  como objeto: me, you, him/her/it – us, you, them
- Pronome possessivo:
  ligados ao substantivo: my, your, his/her/its – our, your, their
  autônomos: mine, yours, his/hers/its – ours, yours, theirs
- Pronome reflexivo:
  myself, yourself, himself/herself/itself – ourselves, yourselves, themselves
- Pronomes reflexivos:
  ⚡ A si mesmo – pronome reflexivo (They washed themselves. = Eles se lavaram.)
  Um ao outro each other / one another (They washed one another. = Eles se lavaram um ao outro.)
- Pronome demonstrativo:
  próximo: singular: this – plural: these
  longe: singular: that – plural: those
- Pronome relativo:
  pessoas: who, whom, that, whose
  coisas: which (whose)
- Pronome interrogativo:
  Simples: what, when, where, why, which, who, whom, whose, how
  Compostos: whatever/whatsoever, whenever, wherever, whoever etc. / where ... from, where ... to, who ... from etc.

Pronomes indefinidos e quantificadores

- some – usado em enunciados positivos, perguntas de caráter cortês ou quando se espera uma resposta positiva para uma pergunta
- any – aparece em enunciados negativos, perguntas, negações
- somebody/someone, anybody/anyone como some/any
- much – aparece diante de substantivos incontáveis, muitas vezes em orações e interrogações negativas
  many – vem diante de substantivos contáveis, frequentemente em orações e interrogações negativas
  a lot of/lots of – usado para coisas incontáveis e contáveis, muitas vezes em orações positivas
- little – vem diante de substantivos incontáveis
  few – vem diante de substantivos contáveis (She has few books. = poucos livros)
- a little/(quite) a few – modifica os enunciados de little/few para o positivo (She has quite a few books. = muitos livros)
- each – acentua a individualidade num grupo, é separável, pode ser inserido isoladamente e não forma compostos com -body ou -one
  every – ressalta o pertencimento a um grupo, é universalizante e forma compostos com -body ou -one (everybody/everyone)
- both – expressa algo em comum entre duas pessoas, coisas ou aspectos
  either – usado quando o aspecto individual de duas pessoas ou coisas é realçado
  neither – expressa coisa ou aspecto que não se encontra em duas pessoas ou coisas

7 Verbo

7.1 Infinitivo

☼ O infinitivo é a forma básica do verbo: (to) write, (to) read. Isoladamente não indica nem a pessoa, nem a relação com o tempo.

Normalmente, infinitivos são precedidos por to. Isso vale também para quando um objeto é inserido entre dois verbos.
She invited him **to** come to the party. (Ela o convidou para a festa.)

Infinitivos podem ser inseridos também no gerúndio (-ing), no perfeito ou na voz passiva.
Progressive infinitive: He will still **be working**. (Ele ainda estará trabalhando.)
Perfect infinitive: It's good **to have finished** it. (É bom ter terminado.)
Passive infinitive: The car must **be cleaned**. (O carro tem de ser limpo.)

Após o verbo auxiliar (▷ 10) can, could, may, might, must, shall, should, will e would o infinitivo é inserido sem o to. I must **do** my homework now. (Tenho de fazer meus deveres de casa agora.)

Também após os verbos principais let, make, see, hear, feel e watch o infinitivo é acrescentado sem o to em caso de um objeto ser colocado entre dois verbos.
I saw him **close** the door. (Eu o vi fechar a porta.)

Quando se sucedem dois infinitivos, sendo ligados por and, or, except, but, as ou like usa-se o to somente diante da primeira forma básica.

He just wanted **to** buy a book and read it in a café.
(Ele queria apenas comprar um livro e lê-lo num café.)

7.2 Imperativo

7.2.1 Imperativo normal

Com a forma imperativa, alguém é diretamente exortado a fazer algo. Existe apenas uma forma, que é a mesma para o singular e para o plural. Ela corresponde à forma básica do verbo (sem to).
Listen to me. (Ouça-me!)

Em exortações negativas, insere-se um don't antes do verbo. **Don't** do that. (Não faça isso!)

7.2.2 Formas especiais do imperativo

Para atenuar uma ordem, pode-se acrescentar please ou, então, antepor um do. Se for o caso de enfatizá-la, acrescenta-se o indicativo de interrogação will you ou won't you. Emprega-se também o ponto de exclamação para emprestar mais ênfase à exortação: **Please** be nice to her. (Por favor, seja legal com ela!) **Do** put it on. (Vista-o.) Give it back, **will you**? (Ponha-o de volta, sim?) Shut up, **won't you**? (Você poderia se calar?)

Caso o próprio falante queira se incluir numa exortação, emprega-se o let us (geralmente abreviado para let's). **Let's** go home now. (Vamos para casa agora.)

The Tenses

8. Tempos

A1

ⓘ Em inglês, existem seis tempos verbais: Present tense (presente), Past tense (passado), Future tense (futuro), Present perfect (presente perfeito), Past perfect (passado perfeito), Future perfect (futuro perfeito). Cada um dos seis tempos tem duas formas: Simple form e Continuous form. Enquanto Present, Past e Future indicam o tempo correspondente (presente, passado, futuro), as três formas perfeitas fazem ponte entre os dois tempos.

8.1 Presente

Formas

No presente simples, o verbo aparece em sua forma básica. Na 3ª pessoa do singular (he, she, it, nome, pessoa, coisa), acrescenta-se o sufixo -s.

run – she run**s** write – Jack write**s** sleep – the cat sleep**s**

⚡ Em verbos terminados em -s, -z, -sh, -ch e -x a 3ª pessoa do singular é formada com o sufixo -es.

kiss – she kiss**es** wash – it wash**es** fix – he fix**es**

Se um verbo terminar em -y precedido por consoante, a 3ª pessoa do singular é formada com o sufixo -ies.

carry – he carr**ies** fly – the bird fl**ies**

⚡ Mas se **-y** for precedido por uma vogal, o radical do verbo se mantém inalterado.

buy – he buy**s**   say – she say**s** [sez]

◐ Exceções: A 3ª pessoa do singular do verbo have é has; a do verbo to be é is; a dos verbos go e do é goes e does respectivamente [dʌz].

Interrogações e negações
As interrogações (com exceção das perguntas com who, quando se pergunta pelo sujeito – quem? ▷ 9.1), são formadas com os verbos principais e do/does.

Where **do** you live?   **Does** your brother drink coffee?

Who **do** you like? (de quem?)   ⚡ Porém: Who wants to go out tonight? (quem?)

As orações negativas são formadas com do not (don't) ou, então, na 3ª pessoa do singular, com does not (doesn't).

I **don't** speak English.   She **doesn't** live in Ireland.

⚡ A forma negativa do verbo have é composta com do not/does not; já a do verbo be se compõe apenas com a adição de not (is not/isn't, are not/aren't).

I **don't** have children.   They are**n't** from London.

Uso
- O presente simples indica ações que se dão de maneira repetida, regular, habitual ou tradicional. I **eat** breakfast **every morning**. (Eu tomo o café da manhã todas as manhãs.)

- O presente simples é empregado também para indicar profissões, bem como ocupações e tarefas de caráter duradouro ou de longo prazo. My father **works** in a bank. (Meu pai trabalha num banco.)

- O presente simples descreve verdades universais e eventos naturais regulares.
Spring **starts** in March. (A primavera começa em março.)

8.2 A forma contínua do presente

Formas

A forma contínua do presente é constituída quando se insere uma forma do verbo to be (am/are/is ou sua versão abreviada: I'm/you're/ he's/we're/they're) diante do verbo principal, acrescentando-se a este -ing.

walk – I'm walk**ing**   drink – she's drink**ing**

Suprime-se a vogal -e não pronunciada ao final alguns verbos.

drive – we're driving   come – they're coming

Uma consoante simples é duplicada após uma vogal abreviada ou acentuada.

run – I'm ru**nn**ing   swim – she's swi**mm**ing

Se a vogal final não for acentuada, a consoante não é duplicada.

visit – they're visiting   follow – he's following

A terminação -ie se torna -ying:

die – they're d**ying**   lie – you're l**ying**

⚡ Se houver um -y ao final do verbo, este se mantém inalterável.

buy – we're buying   lay – he's laying the table

❶ Em inglês britânico, se o verbo terminar em -l após uma vogal simples, ele será duplicado. No inglês americano, isso só vale se a última sílaba for tônica.

inglês britânico: travel – we're travelling
control – she's controlling
inglês americano: travel – traveling
⚡ control – controlling

Se o verbo terminar em -c, a ele se acrescenta um -k:

panic – she's panicking

Interrogações e negações
Interrogações são formadas mediante a inversão de sujeito e verbo.

Am I writing a letter?   What are you reading?

A forma negativa é composta por be + not, como am not, is not (isn't) e are not (aren't).

I'm not reading a book.   You aren't dying.

Uso
- A forma contínua do presente é empregada para ocupações ou ações que transcorrem no momento em que se fala ou escreve. É empregada, sobretudo, em verbos que expressam uma atividade.
  He's having a bath. (Ele está tomando banho.)

- A forma contínua do presente também caracteriza ocupações que não sejam fechadas e se estendam por um espaço de tempo mais longo. Mark is living with his brother. (Mark está morando com seu irmão.)

> Tempos

Do mesmo modo se usa a forma contínua do presente para descrever mudanças gradativas de estado.
He's getting better every day. (Ele está melhorando dia após dia.)

Verbos que não aparecem na forma contínua
Certos verbos raramente são encontrados na forma contínua, porque não descrevem processos ativos, mas fazem referência a condições estáticas. Entre eles estão sensações, verbos referentes a crenças, expectativas e opiniões e os que não expressam atividade alguma:

smell (cheirar)	sound (soar)
taste (ter ou transmitir gosto)	touch (tocar)
believe (crer)	doubt (duvidar)
hate (odiar)	decide (decidir)
know (saber)	like (gostar)
belong (pertencer)	cost (custar)
love (amar)	need (necessitar)
mean (significar)	realise/realize (perceber)
seem (parecer)	want (querer)

⚡ Um verbo de sensação (smell, taste etc.) é empregado na forma contínua quando se trata de uma ação. Compare:
The dog smells bad. (O cão está cheirando mal.) *(Não há uma ação sendo realizada pelo cão.)*
The dog is smelling the bone. (O cão está cheirando os ossos.) *(O cão está desempenhando a ação de cheirar alguma coisa.)*
❶ Sobretudo no inglês americano, no entanto, alguns desses verbos são empregados sempre na forma contínua (I'm loving it), empregada por conter uma carga pessoal e de sentimento maior do que a da forma simples.

A forma contínua nos verbos to have e to be

O verbo to have não é usado na forma contínua quando se tem uma expressão de posse. Em outros sentidos, a forma contínua é possível.

We're having breakfast. (Estamos tomando café da manhã.)

O verbo to be só pode ser expresso na voz passiva (▶ ⓭) em ligação com um adjetivo, que manifesta um modo de comportamento momentâneo na forma contínua. My boss is being very nice today. (Meu chefe está sendo muito legal hoje.) *(Normalmente, ele está de mau humor.)*

8.3 Passado

Formas

No passado simples, há uma diferença entre verbos regulares e irregulares.

Nos verbos irregulares, acrescenta-se o sufixo -ed ao radical.

talk – talked   learn – learned (*inglês britânico:* learnt)
push – pushed   live – lived

Em verbos terminados em consoante + vogal + consoante, duplica-se a última consoante. Da mesma forma, dobra-se uma consoante após uma vogal átona simples.

stop – stopped   prefer – preferred

A exceção é constituída por um -l simples, que no inglês britânico é sempre duplicado, e no americano o é apenas quando está no final de última sílaba tônica.

inglês britânico: travel – travelled
inglês americano: travel – traveled

> Tempos

Nos verbos regulares, o -y precedido por consoante se converte em -ied.

> try on – tried on   carry – carried   marry – married

Isso não vale quando -y for precedido por uma vogal.

> play – played   enjoy – enjoyed

A um -c final, acrescenta-se um -k.

> panic – panicked

Interrogações e negações

No passado, perguntas são formadas com did , passado do verbo auxiliar do (à exceção das perguntas com who, quando se pergunta pelo sujeito – "quem?" ▶ 9.1).

> **Did** I write a letter?   What **did** you read?
> Who **did** you see? (quem)   Who played tennis? (quem?)

Sentenças negativas são formadas colocando-se did not (didn't) antes forma básica do verbo.

> I **didn't** read the book. He **didn't** work in a bank.

Uso

- O passado simples descreve ações que são realizadas no passado uma vez, mais vezes ou de modo regular, já consumadas, sem nenhuma relação com o presente.
  We **called** the police at 4 pm. (Às quatro da tarde chamamos a polícia.)
  She **watched** TV every night. (Ela assistia à TV todas as noites.)

- Em inglês, para todas as ações consumadas no passado e não mais relevantes para o presente, usa-se apenas a forma do passado. Veja-se este exemplo: (Ontem ele limpou a janela.) A formulação Yesterday has cleaned the window é incorreta, já que a ação se consumou no dia de ontem (▶ 8.6 Present Perfect).

8.3.1 Used to do something

Quando se quer acentuar que uma ação era feita com regularidade e hoje não é mais, pode-se empregar o used to + forma básica. Isso vale também para verbos de estado.
I **used to** smoke 50 cigarettes a day. (Eu costumava fumar 50 cigarros por dia.)

8.4 Forma contínua do passado (-ing)

Formas
A forma contínua do passado é composta quando se acrescenta a forma do passado do verbo to be (was/were) antes do verbo principal + -ing.

clean – I was cleaning   buy – you were buying

Uso
- A forma contínua do passado é empregada para passados ou ações inacabadas e que transcorram num instante determinado no passado.
Last night around ten she **was writing** a letter to a friend. (Ontem à noite, por volta das dez, ela estava escrevendo uma carta a uma amiga.)

> **Tempos**

- A forma -ing do passado indica também todos os desenvolvimentos gradativos. He was getting better and better every day. (Ele está ficando melhor a cada dia.)

Emprega-se também a forma contínua do passado para descrever ações simultâneas. Last night mother was watching TV, the children were playing in the garden and I was reading the newspaper. (Ontem à noite minha mãe estava assistindo à TV, as crianças estavam brincando no jardim, e eu estava lendo o jornal.)

Forma simplificada e forma contínua do passado no comparativo

⚡ Se ambas as formas do passado aparecerem numa única frase, a forma contínua descreve uma ação que já estava em curso quando uma nova (no passado simples) começou. A forma contínua constitui então o pano de fundo para uma segunda ação que de repente acontece. We were watching TV when Jack phoned. (Estávamos assistindo à TV quando Jack ligou.)

8.5 Futuro

8.5.1 Futuro simples

Formas

O futuro com will é composto ao se inserir will ('ll) antes da forma básica do verbo principal. Isso vale para todas as pessoas. He'll do it tomorrow. (Ele o fará amanhã.)

❶ No inglês britânico usa-se, para a 1a pessoa do singular e do plural, também a forma shall (que também pode ser abreviada para 'll). I think I **shall** write the letter later. (Acho que devo escrever a carta depois.)

Interrogações e negações

As interrogações são formadas colocando-se will ou shall antes do sujeito. As interrogações com shall são usadas também para pedir a alguém sua opinião. Em português, shall tem o sentido de "dever".
Will the weather be nice tomorrow? (Será que o tempo estará bom amanhã?)
Shall I open the window? (Devo abrir a janela?)

Em orações negativas, will se torna will not (won't) [wəʊnt] e shall se torna shall not (shan't) [ʃɑːnt]. I **won't** be back tonight. (Não voltarei esta noite.)
We **shan't** need the money. (Não precisaremos do dinheiro.)

Uso

- Emprega-se o futuro com will para comunicar informações, enunciados e suposições futuras de caráter geral, bem como para falar de acontecimentos não planejados e não imediatamente previsíveis.
It'**ll** be all right. (Tudo vai ficar bem.)
I don't think it'**ll** rain tonight. (Não acho que vá chover hoje à noite.)

- Para explicações espontâneas, nas quais não se pensou com antecedência, também se emprega o futuro com will. I'**ll** have a cup of tea, please. (Vou tomar uma xícara de chá, por favor.)

8.5.2 O futuro formado com going to

Forma e uso

☼ O futuro com going to é uma forma frequente para expressar algo futuro. Compõe-se pelo gerúndio do verbo go + to + forma básica de um verbo principal. **I'm going to clean** the window.

⚡ Essa forma é empregada de duas maneiras: primeiro, quando se tem certeza de que algo vai acontecer num futuro próximo; não raro a ação de fato transcorre.
I think it **is going to rain.** (Acho que vai chover.)

Segundo, quando há ações planejadas, nas quais frequentemente se expressa o caráter decidido do agente. We **are going to buy** a new car. (Vamos comprar um carro novo.)

8.5.3 Present continuous para ações futuras

☼ A forma contínua do presente é empregada para expressar acordos estabelecidos e planos fixos. Com isso frequentemente aparece uma indicação de tempo para evidenciar que se trata de atividades futuras, e não atuais. **He's having** a party on **Sunday night.** (Ele dará uma festa sábado à noite.)

⚡ A forma contínua do presente e a forma do futuro com going to são muitas vezes intercambiáveis. Com **going to** se expressa a intenção do agente, e com a forma contínua do presente, uma decisão firmemente estabelecida. **I'm going to see** Jane on Friday. (Vou visitar Jane na sexta-feira.)
I'm seeing my dentist tomorrow. (Vou ao dentista amanhã.)

8.5.4 Presente simples para ações futuras

⚡ Caso um tanto raro em inglês é tratar presente simples como futuro. Tal uso ocorre somente em relação a planos de rota e viagem, com datas de partida e de chegada, e também com horários de funcionamento e de abertura de estabelecimentos. Normalmente, assim também se fornece uma indicação de tempo precisa. The train to Brussels **arrives** at **9 pm**. (O trem para Bruxelas chega às nove horas.)

8.5.5 A forma contínua do futuro

A forma contínua do futuro é constituída quando se insere o will be antes da forma básica do verbo principal, acrescentando-se -ing.

clean – I will be cleaning   buy – she will be buying

Interrogações e negações

Perguntas são formuladas quando se coloca will antes do sujeito. **Will you** be telling her everything? (Você vai contar tudo a ela?)

Em orações negativas, emprega-se will not (won't) [wəʊnt]. I **won't** be playing golf on Tuesday. (Não vou jogar golfe na terça-feira.)

Uso

☼ A forma contínua do futuro acentua uma ação que transcorre num período de tempo determinado no futuro, portanto não é uma ação fechada. They**'ll be arriving** in an hour. (Eles chegam dentro de uma hora.)

ⓘ Usa-se essa forma também para perguntar sobre intenções e para expressar intenções. A forma contínua é bem mais formal e cautelosa do que o futuro simples, mais objetivo. **Will you be staying** overnight? (Você vai passar a noite?)

8.6 Presente perfeito

☼ O present perfect é uma espécie de ponte entre o passado e o presente, na qual se tem uma ligação de efeito entre ambos os tempos. É empregado para descrever uma ação que se iniciou no passado e se prolonga no tempo presente ou, então, para expressar ações que acabam de se consumar, cujo resultado ou efeito, porém, ainda persiste.

Formas

O present perfect simple é composto por have ('ve) + past participle. Na 3ª pessoa do singular (he, she, it, nome, pessoa, coisa), o verbo é has ('s).

clean – I have cleaned buy – she has bought

Interrogações e negações

As perguntas são estruturadas pela inversão do sujeito e do verbo have ou has.

Have you/Has she been to South Africa?

As formas negativas compreendem have not (haven't) e has not (hasn't).

No, I **haven't** seen her. She **hasn't** arrived yet.

Uso

☼ No present perfect, quem enuncia se põe mentalmente no presente a contemplar processos no passado mediante um olhar retrospectivo. Frequentemente essas ações no passado encontram-se de fato consumadas, apesar de o contexto temporal incidir no presente, ou seja, o resultado da ação ainda se mantém relevante. No português, frequentemente se acrescentam palavras como *já, até agora, por ora* ou *até o presente momento*. She **has written** 20 emails. (Ela [até o presente momento] escreveu 20 e-mails.) He **has seen** hundreds of films. (Ele [já] viu centenas de filmes.)

Também em inglês, em orações do present perfect pode-se ter indicações de tempo, pressupondo-se que elas expressem uma duração temporal ainda não consumada: this morning, this week, today, so far, not yet etc.
I've read ten books **this year**. (Já li dez livros este ano.)
He's cleaned only two windows **so far**. (Até agora ele limpou apenas duas janelas.)

Quando ações foram concluídas há pouco (just) e seu resultado ainda é importante, elas são descritas no present perfect. O importante é que não se empregue nenhum termo indicativo de tempo que indique uma duração já concluída, por exemplo, yesterday, five weeks ago, last June, in October etc., já que nesse caso ter-se-ia de usar o passado. He's **just** closed the window. (Ele fechou a janela há pouco.)

⚡ Em inglês americano, frequentemente se usa o passado após just. Assim se enfatiza mais a ação passada e menos o resultado presente.

Além disso, usa-se o Presente Perfect Simple quando se pergunta se alguma vez (ever) ou jamais/nunca (never) se realizou ou vivenciou algo. Pensa-se aqui na vida inteira como um espaço de tempo que se prolonga até o presente. Have you **ever** been to Canada? (Você já esteve no Canadá?)

Tempos

Por fim, o Present Perfect Simple indica ações ou estados que se iniciaram no passado e ainda se mantêm. Em português, essas orações encontram-se, na maioria das vezes, no presente. **Meggie has lived in Chicago for 8 years.** (Meggie morou em Chicago durante oito anos.)

Assim, frequentemente se menciona o tempo de duração de alguma coisa. Em inglês, o português "desde" e "por" é expresso com since ou for, respectivamente.

since (momento no tempo, momento inicial)	for (período de tempo até hoje)
since January; since Monday; since 2005; since she moved to Chicago	for an hour; for two days; forever; for ages, for some time; for a while

Comparação entre present tense, past tense e present perfect.

Past tense	Present perfect
It rained yesterday. (Ontem choveu.) Ação concluída, uma vez que ontem (yesterday) já passou.	It has rained. (Choveu.) Ação não concluída, uma vez que as ruas ainda estão molhadas.
Ten years ago I was in South Africa. (Dez anos atrás eu estava na África do Sul.) Ação concluída, uma vez que se passou há dez anos e que isso é mencionado (ten years ago).	I've been to South Africa. (Estive na África do Sul.) Ação não concluída, uma vez que o espaço de tempo (até hoje) não chegou a um termo.

Present tense = ação regular ou que transcorre no momento presente

Past tense = ação concluída sem relação com o presente
Present perfect = ação iniciada no passado e (já) concluída ou ação ainda em trânsito com referência direta no presente

8.7 Presente perfeito contínuo

Formas

A forma contínua do present perfect é formada com have been ('ve been) ou, na 3ª pessoa do singular, has been ('s been), e o verbo principal com o sufixo -ing.

clean – I have been cleaning   buy – she has been buying

A2 Interrogações e negações

Interrogações são formadas colocando-se have e has antes do sujeito.

Have you/Has she been waiting long?

Em orações negativas, adiciona-se not a have (have not/haven't) e has (has not/hasn't).

No, it **hasn't** been raining.

A2 Uso

A forma contínua do present perfect é empregada, sobretudo, para indicar ações. Elas devem ter-se iniciado no passado e ser mantidas ou concluídas no presente. We have been living in Dallas since 2002. (Moramos em Dallas desde 2002.)

8.8 Passado consumado

☼ O Past Perfect funciona como o pretérito mais-que-perfeito do português (Eu correra. Ele brincara) e caracteriza uma ação que aconteceu antes de outra ação no passado.

Formas

Na 3ª pessoa do singular, o past perfect simple forma-se com had ('d) + Past participle.

clean – I had cleaned   buy – she had bought

Interrogações e negações

As interrogações são compostas pela colocação do verbo had antes do sujeito.

Had the film already begun when you arrived?

A negação é estruturada adicionando-se not após had (had not/hadn't).

No, I hadn't seen her. She hadn't arrived yet.

Uso

☼ Usa-se o Past Perfect simple quase sempre em conexão com uma segunda ação no passado, pela qual ela continua a se manter no passado. When she came home last night, her mother **had** already **gone** to bed. (Quando ela chegou em casa à noite, sua mãe já tinha ido para a cama.)
I got to work and immediately saw that someone **had broken** into the office. (Cheguei ao trabalho e imediatamente percebi que alguém tinha arrombado o escritório.)

Da mesma forma, o past perfect simple expressa ações e estados que se prolongam num determinado instante do tempo no passado. We had lived in our house **for 25 years** when we sold it. (Tínhamos morado na casa por 25 anos quando a vendemos.)

8.9 Pretérito perfeito contínuo

Formas
A forma contínua do past perfect é composta quando em todas as pessoas se acrescenta a forma básica had been ('d been) antes da forma básica do verbo principal, juntamente com o sufixo -ing.

clean – I had been cleaning   buy – she had been buying

Interrogações e negações
A interrogação é construída colocando-se o verbo had antes do sujeito.

How long had she been writing that letter?

Em enunciados negativos emprega-se had not (hadn't).

She hadn't read the letter when I met her.

Uso
☼ A forma contínua do Past Perfect é empregada, sobretudo, para expressar ações que se iniciaram no passado e se mantêm num momento posterior ou já se concluíram. When we left the theatre we saw that **it had been raining.** (Ao sair do teatro, vimos que tinha chovido.)

8.10 Futuro perfeito simples

No Future Perfect, quem enuncia se põe mentalmente no futuro e contempla de modo retrospectivo as ações transcorridas.

Formas

Em todas as pessoas, o future perfect simple se expressa como will have ('ll have) + Past participle.

clean – I will have cleaned   buy – she will have bought

Interrogações e negações

As interrogações são formadas com a colocação do verbo will antes do sujeito. **Will you** have done your homework by tomorrow?

A negação é formada com will not (won't). I **won't** have read the book by tonight.

Uso

O Future Perfect simple é empregado para expressar uma ação ou estado que vai se concluir no futuro. Will he have read it **by Monday**? (Ele o terá lido até segunda-feira?)

8.11 Futuro perfeito consumado

Formas e uso

Em todas as pessoas, na forma contínua do future perfect usa-se will ('ll) have been antes do verbo principal no gerúndio. O future perfect continuous descreve o transcurso, num tempo futuro, de uma ação que já está ocorrendo. As interrogações são formadas invertendo-se sujeito e verbo, e as negações, adicionando-se not após will (will not/won't). I **will have been living** in Rome for ten years in December. (Em dezembro fará dez anos que estou morando em Roma.)

Olhando de perto 🔍

Tempos

- **Present simple:** ações regulares; verdades universais; descrições; ações que acontecem uma após outra: John **cleans** his teeth every morning.
  ☼ He/she/it – acrescenta-se -s.
- **Present progressive:** ações delimitadas no tempo; ações interrompidas; ações que se passam num (exato) momento: John **is cleaning** his teeth at the moment.
- **Past simple:** ações ou estados que transcorreram e se concluíram no passado: John **cleaned** his teeth last night.
- **Past progressive:** ações que em dado instante no passado não estavam concluídas; ações que estavam acontecendo num tempo passado, quando algo outro se passou (pano de fundo): Last night at 11 John **was cleaning** his teeth. / John **was cleaning** his teeth when his sister knocked on the bathroom door.
- **Future (will):** previsões espontâneas; antecipações; ações não especificadas: Maybe John **will clean** his teeth tomorrow morning again.
- **Future (going to):** planos, intenções; decisões externadas; acontecimentos previsíveis no futuro imediato: John **is going to clean** his teeth twice tonight.
- **Future continuous:** ações que se darão em determinado momento sem conclusão: Tomorrow around 8 am John **will be cleaning** his teeth.
- **Future (present continuous):** acordos e convenções: John **is seeing** his dentist on Monday.

> Olhando de perto

- **Future (present simple):** planejamentos, planos de viagem etc. John's train **leaves** at 7.30 am Monday morning.
- **Present perfect simple:** Resultados ou efeitos de ações passadas que são relevantes para o presente; ações já concluídas; estados e ações que se iniciaram no passado e se mantêm no presente; ações ou estados que têm lugar por toda a vida: John **has** (just) **cleaned** his teeth – they're shiny. John **has cleaned** his teeth all his life.
- **Present perfect continuous:** ações que se iniciaram no passado e ainda se mantêm no presente: John **has been cleaning** his teeth for two minutes.
- **Past perfect simple:** ações que se concluíram no passado, antes que outra ação acontecesse: John **had cleaned** his teeth twice when he left the house.
- **Past perfect continuous:** ações que se mantiveram até um dado momento no passado: John **had been cleaning** his teeth for two minutes when his sister knocked on the bathroom door.
- **Future perfect simple:** ações que deverão se consumar até um dado momento no futuro: John **will have cleaned** his teeth soon.
- **Future perfect continuous:** ações que terão transcorrido até um dado momento no futuro: At 11 tonight John **will have been cleaning** his teeth for three minutes.

9 Interrogações e negações

9.1 Interrogações

☼ Interrogações com be, além dos verbos auxiliares have, can, could, may, might, must, ought to, shall, should, will, would e (no inglês britânico) need, são formadas colocando-se o verbo auxiliar antes do sujeito. Diferentemente do português, a entonação normalmente não basta para indicar a interrogação.
Is he there? (Ele está aí?)
Can you **help** me? (Você pode me ajudar?)
Have you **seen** Michael? (Você viu Michael?)

Com todos os demais verbos, a forma da interrogação com do/does (presente) e did (passado) é formada com o infinitivo sem o to. Desse modo, a ordem dos demais termos se mantém tal como nas orações afirmativas. Em interrogações com does, o -s ao final do verbo desaparece.

Frases afirmativas: sujeito + verbo + objeto = **He hates fish.**
Interrogação: do/does/did + sujeito + verbo + objeto =
  Do**es** he hate fish?

Interrogações com pronomes interrogativos como why, when, which, how etc. são igualmente compostas com do/does/did + infinitivo sem o to.
Why do they **live** there? (Por que eles moram lá?)
Where does she **work**? (Onde ela trabalha?)

◗ Exceções: Quando se pergunta pelo sujeito de uma sentença (usando-se "quem?" ou "o quê?"), a interrogação é feita sem do, does ou did.
Who told you that? (Quem lhe contou isso?)
What happened? (O que aconteceu?)

Interrogações e negações

Se o pronome interrogativo depender de uma preposição, na maioria das vezes essa preposição aparecerá ao final da pergunta.
Who did you talk **to**? (Com quem você conversou?)
Which city does he want to live **in**? (Em que cidade ele deseja morar?)

9.2 Negações

As orações com be e os verbos auxiliares have, can, could, may, might, must, ought to, shall, should, will, would e (no inglês britânico) need compõem a negação com not.

> I'm **not** very happy. I ca**n't** hear you.
> He is**n't** in. She must**n't** do that.

Com outros verbos, a negação é formada com do not (don't), does not (doesn't) e did not (didn't) + infinitivo sem o to. Isso vale também para quando se empregar have como verbo principal. Para ênfase ou quando se adotar o estilo formal, usa-se o not. They **don't** eat fish. (Eles não comem peixe.) We **did not** have any money. (Nós não tínhamos nenhum dinheiro.)

9.3 Have/have got

☼ Em inglês moderno, no tempo presente para have existem duas formas no sentido de ter/possuir: have e have got. Have é empregado como verbo principal (interrogação e negação com do/does/did); have got é usado como verbo auxiliar (interrogação com a colocação do verbo antes do sujeito, negação com not).

> Frases afirmativas: He **has** three cars. He **has got** three cars.
> Interrogação: **Does** he **have** three cars? **Has** he **got** three cars?
> Negação: No, he **doesn't have** three cars. No, he **hasn't got** three cars.

9.4 Pergunta negativa

Em perguntas negativas, acrescenta-se o -n't ao primeiro verbo (que geralmente é um verbo auxiliar). Assim, Am I converte-se em aren't I.
Doesn't he speak English? (Ele não fala inglês?)
Haven't you got a pen? (Você não tem uma caneta?)
Aren't I nice today? (Não estou legal hoje?)

9.5 Respostas breves

Nas respostas breves, emprega-se o verbo auxiliar e se omite o restante da oração.

> Can I eat now? – Yes, you **can**.
> Do you like Chopin? – Yes, I **do**.

9.6 Indicador de interrogações

Em interrogações, quando se espera uma confirmação (Não é mesmo? Ou não? etc.), repetem-se be, have e o verbo auxiliar, compondo o question tag. Em orações afirmativas, o indicador da interrogação aparece sob a forma negativa, enquanto em orações negativas ele aparece no afirmativo.
You're a teacher, **aren't** you? (Você é professor, não é?)
He can't speak Russian, **can** he? (Ele não fala russo, fala?)

No indicador de interrogação (question tag), verbos principais (à exceção de be e have) são substituídos pela forma correspondente de do no mesmo tempo verbal. Isso vale também para uma sentença afirmativa negada no indicador de interrogação, enquanto uma sentença negativa é por ele afirmada.
He met Judy in Paris, **didn't** he? (Ele encontrou Judy em Paris, não é?)
You don't live in London, **do** you? (Você não mora em Londres, mora?)

Auxiliary Verbs

10 Verbos auxiliares

10.1 Verbos auxiliares mais importantes

Os três verbos auxiliares mais importantes – be, have e do – são empregados com um verbo principal para configurar as formas de tempo composto e as orações passivas. Podem-se compor enunciados, negações e orações interrogativas.

> I **am** sitting in my car. **Have** you ever been to Australia? **Did** you read the newspaper? Where **were** you born?

10.2 Verbos auxiliares modais

Formas A1

Os demais verbos auxiliares, can, could, may, might, must, ought to, shall, should, will, would e (no inglês britânico) need, têm as seguintes características:

- ☼ Não apresentam -s na 3ª pessoa do singular do presente simples.
- Não têm gerúndio.
- Sempre acompanham um verbo principal; podem ficar sozinhos apenas em indicadores de interrogação e respostas breves.
- Em interrogações e negações, não exigem o uso de do/does/did. Sua negação é formada com not.
- As formas abreviadas a seguir são usadas na negação: cannot (can't), could not (couldn't), must not (mustn't), need not (needn't), should not (shouldn't) e would not (wouldn't).
- Os verbos modais são ligados com have + Past Participle para expressar o passado.

- Só podem ser empregados no presente (◐ exceção: could). Quando se quer usar outros tempos verbais, faz-se necessária uma forma substitutiva, por exemplo, be able to (para can), be allowed to (para may), have to (para must), be supposed to (para shall).

Poder – can/could

Can indica capacidades corporais e intelectuais. As interrogações frequentemente são um pedido de permissão ou de favor. She **can** speak Spanish. (Ela sabe falar espanhol.) **Can** I watch TV now? (Posso assistir à TV agora?)

A forma do passado could (poderia) indica capacidades passadas. He **could** speak French when he was little. (Ele sabia francês quando criança.)

A forma could é também empregada como forma de possibilidade no presente. She **could** write that email now, but she doesn't want to. (Ela poderia escrever aquele e-mail agora, mas não quer.)

Em todos os tempos emprega-se a forma correspondente be able to. I **was**n't **able to** see her. Have you **been able to** invite them?

Ter de – must/have got to

O verbo auxiliar must expressa uma obrigação interna, uma coação ou uma necessidade. Deve ser empregado apenas no present tense.
I **must** see this film. (Tenho de ver este filme.)

Se a coação vir de fora, a obrigação que se tem é de caráter universal ou regular, sendo expressa na maioria das vezes com have (got to). Sem o got, essa forma pode ser empregada em todos os tempos. I have (**got**) to

Verbos auxiliares

do my homework now. (Agora tenho de fazer minha lição de casa.)
She had to put it back. (Ela teve de devolver.)

Não ter de/não precisar – do not have to

Para a negação de "ter de" (não ter de fazer algo), emprega-se do not have to em todos os tempos. Frequentemente, do not have to é expresso como "não ter de", "não precisar". You **don't have to** do this. (Você não precisa fazer isso.) She **didn't have to** pay for the children. (Ela não precisa pagar para as crianças.)

Não ter de – must not

A forma negativa must not (mustn't) é uma proibição e significa **não dever**. The doctor said I **mustn't** eat apples. (O médico disse que não devo comer maçãs.) You **mustn't** be late. (Você não deve atrasar-se.)

Poderia/talvez – may/might

A2

Quando "poder" expressar uma possibilidade no tempo presente, emprega-se may. Em comparação a can, o may soa mais cortês e mais formal. **May** I open the window, please? (Será que eu poderia abrir a janela?)

Em português, é frequente traduzir may por "talvez" (ou por "quem sabe"). She **may** be right. (Ela pode ter razão/Talvez ela tenha razão.)

Em português, a forma do passado **might** pode ser expressa com "talvez", "possivelmente/é possível que" e conceitos semelhantes.
We **might** come on Sunday. (Poderíamos vir no sábado.)
They **might** be on holiday. (É possível que estejam de férias.)

Verbos auxiliares

Dever (ter a permissão de) – may/may not

Também as perguntas de caráter cortês, como pedidos de permissão, são traduzidas com may.
May I come too? (Posso vir junto?)

Para permissão ou proibição, de modo geral, para todos os tempos, pode-se empregar também (not) be allowed to.
Yes, you **are allowed to** smoke in here. (Sim, o senhor pode fumar aqui.)

Quando se expressa um conselho ou uma intimação com "não ser permitido", emprega-se no presente should not ou must not. You really **shouldn't** go there. (Você realmente não deveria entrar aí.)
You **mustn't** go there. (Você não deve entrar aí.)

Dever – shall/should (ought to)

O uso de shall (dever) é problemático, uma vez que shall só pode ser empregado em interrogações e negações (o mais das vezes em expressões bíblicas) no sentido de "dever" (na 1ª pessoa do singular e do plural).
Shall I open the door? (Devo abrir a porta?)
You **shall** not steal. (Não roubarás.)
I **shall** spend the holiday in Bath. (Devo passar o feriado em Bath.)

Nos casos em que "dever" expressa uma intimação ou uma convenção, emprega-se a forma substitutiva be supposed to ou be to. Isso vale também para atividades passadas, que se deveria ter realizado.
I'm supposed to write an essay. (Devo escrever um ensaio.) **You're to** be home by six. (Você deve estar em casa às seis.)

> **Verbos auxiliares**

I **was supposed to** drive her home. (Eu deveria levá-la até em casa.)

Quando com o verbo "dever" a intenção é expressar uma intimação de caráter cortês, que pode também ser uma proposta ou um apelo, usa-se should ou o mais enfático ought to.
We **should** write a thank-you letter. (Devemos escrever uma carta de agradecimentos.)

Quando "dever" reproduz um rumor ou uma afirmação não confirmada, emprega-se a forma be said to.
More than a million people **are said to** be homeless. (Mais de um milhão de pessoas estariam sem teto.)

Verbo auxiliar – will/would   A2

O verbo auxiliar will é empregado quase que exclusivamente para a formação do futuro (▶ 8.5). Eventualmente é usado em interrogações no sentido de want ou wish.
Will you have a cup of tea? (Você vai querer uma xícara de chá?)

Em interrogações desse tipo, costuma ser mais cortês empregar would you like. **Would you like** a cup of tea? (Você gostaria de uma xícara de chá?)

Precisar/ter de – need   A2

O verbo need pode ser empregado como verbo auxiliar ou como verbo principal. Na condição de verbo auxiliar (sem o to), ele aparece frequentemente na forma negativa. ❶ Nesses casos, em inglês americano se usa don't have to.
You **needn't** drive so fast. *inglês americano:* You **don't have to** drive so fast. (Você não precisa/não deveria correr tanto.)

Como verbo principal, need (com to) pode ser empregado como todos os demais verbos em todos os tempos.
You don't **need to** read that article. (Você não precisa ler aquele artigo.)

Had better

A frase had better ('d better) expressa um conselho urgente e necessário, pelo qual alguém enuncia o que se deveria fazer. Diferentemente de should, had better é empregado para situações concretas, possuindo uma conotação mais abrangente.
I feel ill. – You'**d better** see a doctor. (Não estou me sentindo bem. – Você deveria procurar um médico.)

Verbos modais no passado

☼ Quando os verbos modais forem ligados com have + Past participle, tem-se a enunciação de algo passado, que poderia ou deveria ter acontecido de tal maneira. Com can, isso já se faz tanto mais indispensável.
I **should have said** something. (Eu deveria ter dito alguma coisa.)
They **must have forgotten** it. (Eles devem ter esquecido disso./Certamente já esqueceram disso.)

At a glance

Olhando de perto 🔍

Interrogações

- Interrogações com (▷ ⑩) verbos auxiliares são formadas pela colocação do verbo auxiliar antes do sujeito: **Can** one ride a giraffe?

- Interrogações com verbos principais são compostas com as formas **do**, **did** ou **does**: **Do** you get up at 6 every morning?

- Interrogações com (▷ 5.6) pronomes interrogativos são compostas mediante o emprego do pronome antes do verbo auxiliar ou da forma **to do**: **Where** did he live before?

- ⚡ Interrogações que perguntam pelo sujeito (com **who** ou **what**) são feitas sem uma forma **to do**: Who left the door open last night? / What happened when you closed the window?

Negações

- Frases negativas com verbos auxiliares são formadas usando-se a negação do verbo auxiliar com **not**: No, one **can't** ride a giraffe.

- Negações com verbos principais são constituídas com as formas **do**, **does** ou **did**: I **don't** go jogging every morning. **Doesn't** she live in Oxford? – No, she lives in Bath.

! Após o did, jamais se usa Past Tense.

Olhando de perto

Resposta breve

❶ Em países de língua inglesa, às interrogações que pedem sim ou não costuma-se responder de modo cortês, e isso implica repetir, após yes ou no, o verbo auxiliar ou a forma de to do: **Do** you live on the third floor? – Yes, we **do**. / No, we **don't**. We live on the second.

Indicador de interrogação

Sobretudo na Grã-Bretanha, os indicadores de interrogação são usados com mais frequência na linguagem formal:
- em verbos principais com do/does/did
- em verbos auxiliar com o verbo auxiliar
- em formas com to be nos mesmos casos

⚡ Normalmente, um indicador de interrogação é negativo quando a forma verbal presente na sentença é positiva e vice-versa. She **doesn't** speak Spanish, **does she**? / He **can** read French, **can't he**?

Verbos auxiliares

Os verbos auxiliares em inglês são: can, could, may, might, must, must not, need (*inglês britânico*), ought, shall, should, will, would. Eles têm as seguintes propriedades:
- aparecem sempre ligados a um verbo principal (🔊 Respostas breves ou como indicadores de interrogação)
- não recebem -s na 3ª pessoa do singular
- não têm gerúndio
- as interrogações são formadas mediante a inversão entre sujeito e verbo auxiliar
- com **have** + Past Participle, expressam-se ações e estados possíveis no passado.

The Participles

11 Particípios

Formas

Particípios são locuções verbais do presente ou do passado, que podem ser empregadas como verbos, formas verbais ou adjetivos. Os particípios presente e passado são os seguintes:

	Ativo	Passivo
Present Participle	asking	being asked
Past Participle	asked	asked

Uso

Muitas vezes, o present e o past participle são semelhantes a seus correspondentes em português na condição de adjetivos, aparecendo ligados a substantivos: the **falling** rain (a chuva que cai), a **broken** window (uma janela quebrada).
⚡ Caso não seja possível inserir o particípio antes do substantivo, na maioria dos casos emprega-se uma oração relativa abreviada. I saw a woman **reading**. = I saw a woman who was reading. (Vi uma mulher lendo./Vi uma mulher que estava lendo.)

O present participle também pode ser usado após os verbos a seguir, quando se tiver um objeto entre o verbo no gerúndio:

catch (pegar)	keep (manter)
find (encontrar)	leave (deixar)

Exemplo: She found him **reading** a book.

O mesmo ocorre com os verbos de percepção.

feel (sentir)	hear (ouvir)
see (ver)	smell (cheirar)

Exemplo: I heard you **walking** around last night.

Particípios

O Present Participle pode aparecer imediatamente após os verbos come e go. **He came** running down the hill. (Ele desceu correndo a colina.)

Após verbos estáticos, pode-se usar o presente ou o Past Participle.

lie (encontrar-se, jazer)	sit (sentar, estar sentado)
remain (manter-se)	stand (estar de pé, permanecer)

Exemplo: He sat there **smoking**. (Ele estava ali sentado, fumando.)

A1 Particípio para redução de orações subordinadas

O Present Participle e o past participle frequentemente são usados para reduzir orações subordinadas. No entanto, isso só é possível quando ambas as partes da sentença têm o mesmo sujeito. Em português, uma sentença reduzida é construída com gerúndio, particípio ou infinitivo. **Looking** through the window, I saw my ex-husband. (Ao olhar pela janela, vi meu ex-marido.)

A1 Particípio para abreviação de orações relativas

O Present Participle e o Past Participle são empregados para reduzir também orações relativas. Nesses casos, o particípio aparece imediatamente após o substantivo com que ele se relaciona. I asked the policeman (who was) **standing** on the corner. (Perguntei ao policial que estava na esquina.)

Being + substantivo no início de uma sentença sinaliza uma oração participial que indica motivo. Em português pode ser traduzida como gerúndio (*sendo*), "uma vez que", "porque" ou "como". **Being** a teacher, she found the mistake. (Sendo professora, encontrou o erro.)

The Gerund

12) Gerúndio

O gerúndio é uma forma verbal estruturada com a terminação -ing: running (correndo), swimming (nadando).

Uso
Em muitos verbos tem-se um infinitivo com to (He wants to go home). Alguns verbos exigem o -ing ao final (He enjoys playing baseball). Infelizmente não há uma regra fixa para saber qual verbo pertence a qual grupo.

A forma -ing
A seguir, uma lista dos verbos mais importantes que podem ser associados ao gerúndio, e não com o infinitivo + to.

admit(ted) doing something	*admitir fazer algo*
avoid doing something	*evitar fazer algo*
be busy doing something	*estar ocupado com algo*
can't help doing something	*não evitar fazer algo*
consider doing something	*considerar fazer algo*
delay doing something	*adiar alguma coisa*
dislike doing something	*não gostar de alguma coisa*
enjoy doing something	*gostar de alguma coisa*
feel like doing something	*ter prazer em fazer alguma coisa*
finish doing something	*terminar, concluir algo*
imagine doing something	*imaginar-se fazendo algo*
it involves doing something	*envolve, implica fazer algo*
it means doing something	*significa fazer algo*
mind doing something	*ter algo contra alguma coisa*
miss doing something	*perder algo, omitir algo*
postpone doing something	*adiar alguma coisa*
practise doing something	*praticar, exercer alguma coisa*
risk doing something	*arriscar fazer alguma coisa*
suggest doing something	*sugerir, propor alguma coisa*

Gerúndio após preposições

Se um verbo aparece imediatamente após uma preposição, fica no gerúndio. There's no chance of finding them. (Não há chance de encontrá-los.)

Substantivo + preposição

be in danger of doing something	*correr o risco de fazer algo*
have difficulty in doing something	*ter dificuldade em fazer alguma coisa*
live in fear of doing something	*viver com medo de alguma coisa*
run the risk of doing something	*assumir o risco de fazer algo*

Verbo + preposição

believe in doing something	*acreditar em fazer alguma coisa*
carry on doing something	*continuar a fazer alguma coisa*
dream of doing something	*sonhar em fazer alguma coisa*
insist on doing something	*insistir em alguma coisa*
keep (on) doing something	*continuar a fazer alguma coisa*
succed in doing something	*conseguir fazer alguma coisa*
think of doing something	*pensar em fazer alguma coisa*
talk about doing something	*falar em fazer alguma coisa*
thanks/thank somebody for doing something	*agradecer alguém por fazer alguma coisa*
worry about doing something	*preocupar-se com alguma coisa*

Adjetivo + preposição

be (in)capable of doing something	*(in) capaz de ser, de fazer alguma coisa*
be good/bad at doing something	*ser bom/ruim em alguma coisa*
be interested in doing something	*estar interessado em fazer alguma coisa*
be tired of doing something	*estar cansado de fazer alguma coisa*
be worth(while) doing something	*valer a pena fazer alguma coisa*

Gerúndio

Gerúndio após a preposição to
Após algumas expressões com to, o que se tem não é o infinitivo, mas o gerúndio, porque nesse caso o to, sendo preposição, não é complemento do infinitivo, mas pertence ao verbo.

be used to doing something	*estar habituado a fazer algo*
be accustomed to doing something	
get used to doing something	*habituar-se a fazer algo*
get accustomed to doing something	
look forward to doing something	*estar ansioso para fazer algo*
object to doing something	*objetar a algo/ser contra a ter de fazer algo*

Gerúndio após conjunções
Se uma conjunção vier antes de um verbo, este virá no gerúndio. He had a shower **before** going to bed. (Ele tomou banho antes de ir para a cama.)

Verbos que se ligam ao gerúndio e ao infinitivo (sem diferença de significado)
A uma série de verbos pode-se seguir tanto o gerúndio como um infinitivo com to, sem que isso mude o sentido da sentença.

allow *(permitir)*	begin *(começar)*
continue *(continuar)*	like *(gostar)*
love *(amar)*	start *(começar)*

Verbos que se ligam ao gerúndio e ao infinitivo (havendo diferença de significado)
⚡ Infelizmente existem verbos que se ligam tanto com o infinitivo como com um gerúndio, e com isso têm significados diferentes.

Gerúndio (forma -ing)	Infinitivo com to
go on **doing** something (continuar a fazer alguma coisa)	go on **to do** something (continuar a fazer algo diferente)
remember **doing** something (lembrar-se de ter feito alguma coisa)	remember **to do** something (lembrar-se de fazer alguma coisa)
regret **doing** something (arrepender-se de alguma coisa)	regret **to do** something (arrepender-se de fazer alguma coisa)
never forget **doing** something (nunca esquecer de ter feito alguma coisa)	forget **to do** something (esquecer de fazer alguma coisa)
stop **doing** something (parar de fazer alguma coisa)	stop **to do** something (parar para fazer alguma coisa)
try **doing** something (tentar fazer alguma coisa)	try **to do** something (tentar fazer alguma coisa)

Gerúndio como sujeito ou objeto da sentença

Todo gerúndio pode ser empregado como sujeito ou objeto de uma sentença.

Sujeito: **Swimming is good for you.** (Nadar é bom para você.)

Objeto: I hate **swimming**. (Eu odeio nadar.)

O gerúndio pode "atrair" um objeto próprio para si.
I love doing **homework**. (Gosto de fazer lição de casa.)
Com alguns verbos, um objeto pode aparecer entre o verbo e o gerúndio. I don't mind **Jack** trying to help him. (Não tenho nada contra Jack tentar ajudá-lo.)

Olhando de perto

Particípio

G Um particípio funciona como um híbrido entre verbo e adjetivo, e apresenta propriedades de ambos. Emprega-se o particípio como:

- Present Participle (forma -ing)
  The game was **boring**. (adjetivo)
  He published an **interestingly** written essay. (advérbio)
  The kids are **playing** in the park. (continuous form)
- Past Participle
  I have **lived** in Rye since I was born.
  The police have finally found the painting **stolen** a few days ago.
- Perfect participle (having + past participle = after + -ing)
  Having washed (After washing) the dishes Mike started cleaning the bathroom.

Oração participial

- Como sentença relativa curta:
  Sentenças relativas são orações subordinadas, nas quais um pronome relativo (who, whom, which, that, whose) substitui um substantivo precedente: Did you talk to the woman **who** was reading a Chinese newspaper? He got only the postcard **that** was sent from Hawaii.

Caso pronomes relativos e formas verbais desapareçam da sentença subordinada, o particípio se relacionará com o substantivo posto em último lugar: Did you talk to the woman **reading** a Chinese newspaper? He got only the postcard **sent** from Hawaii.

Olhando de perto

Gerúndio

G O gerúndio em inglês é uma forma verbal que incide após determinados verbos (por exemplo, consider, finish ou suggest), quase sempre após substantivo/verbo/adjetivo + preposição (por exemplo, have difficulty in ou be afraid of) e também em alguns casos especiais.

ⓘ Após os verbos a seguir, pode-se empregar um gerúndio ou um infinitivo com to: begin, continue/discontinue, hate, like (= enjoy), love, start.

⚡ O would quase sempre demandará um infinitivo com to: I would love to go shopping. I'd hate to leave the party now. ◐ Exceção: Would you mind closing the door?

Segue-se um gerúndio também quando a preposição to pertencer à forma do verbo. É esse o caso quando em vez do gerúndio usa-se outro substantivo, por exemplo, look forward to doing something. (ansiar por alguma coisa) ou get accustomed to doing something. (habituar-se a alguma coisa).

ⓘ Atenção aos verbos advise (aconselhar), allow (permitir), forbid (proibir), permit (permitir) e recommend (recomendar): quando tiverem um objeto, seguir-se-á um infinitivo com to: I don't recommend you to stay here. (Não recomendo que você fique aqui.) Sem objeto: I don't recommend staying here. (Não recomendo ficar aqui.)

The Passive

13 Voz passiva

☼ A voz passiva serve mais para relatar/enfatizar uma ação do que mencionar seu agente. No centro do enunciado há uma pessoa ou coisa com a qual algo acontece. Para expressá-lo, usa-se em português uma forma do verbo "ser"; no inglês, usa-se uma forma do verbo to be.

13.1 Present tense e past tense

Formas

A voz passiva é formada da seguinte maneira:

Present Tense: sujeito da passiva + am/are/is + Past Participle

She **is** always **invited** to parties. (Ela é sempre convidada para festas.)

Past Tense: sujeito da passiva + was/were + Past Participle

My bicycle **was stolen** yesterday. (Minha bicicleta foi roubada ontem.)

➕ Caso se queira mencionar a pessoa que realiza a ação, acrescenta-se by (somebody). É um ajuste que se faz na maioria das vezes em interrogações.
He was seen **by a neighbour.** (Ele foi visto por um vizinho.)

13.2 Voz passiva pessoal

⚡ Em uma série de verbos o sujeito da passiva (na maioria das vezes como pronome pessoal) aparece na forma nominativa, e não como objeto indireto. **She** was given a letter. (Ela recebeu uma carta.) **I** was advised to see a dentist. (Fui aconselhado a consultar um dentista.)

Voz passiva

Outros verbos com voz passiva pessoal são:

advise *(aconselhar/ recomendar)*	allow *(permitir)*	bring *(trazer)*
expect *(esperar)*	help *(ajudar)*	lend *(emprestar)*
order *(encomendar/ fazer pedido)*	offer *(oferecer/ proporcionar)*	promise *(prometer)*
send *(enviar)*	sell *(vender)*	show *(mostrar)*
teach *(ensinar)*	tell *(dizer)*	

Muitas vezes, a voz passiva em inglês equivale ao que, em português, se tem como sujeito indeterminado. **He was told there were no tickets left.** (Disseram para ele que não havia ingressos sobrando.)

➕ O impessoal **se** pode, em inglês, igualmente ser traduzido de maneira impessoal com **it is** + Past Participle. Tal construção é frequente nos verbos a seguir.

it is believed *(acredita-se)*	it is felt *(considera-se/pensa-se)*
it is known *(sabe-se)*	it is thought *(acredita-se/pensa-se)*
it is feared *(receia-se/ há um receio de que)*	it is said *(diz-se)*
it is supposed *(supõe-se que)*	it is understood *(compreende-se)*

13.3 Gerúndio na voz passiva

Formas

O gerúndio na voz passiva é usado apenas no presente e no passado.

Present Tense: sujeito da passiva + **am being/are being/ is being** + Past Participle

I think we are being watched. (Creio que estamos sendo observados.)

> **Voz passiva**

Past Tense: sujeito da passiva + was being/were being + Past Participle

He **was being followed** by the police. (Ele foi perseguido pela polícia.)

13.4 Voz passiva em outras formas verbais

Formas

Todas as formas temporais simples podem compor orações na voz passiva. É preciso apenas inserir a forma correspondente do verbo to be.

Present Perfect: sujeito da passiva + have been/has been + Past Participle

My car **has** never **been stolen.** (Meu carro nunca foi roubado.)

Past Perfect: sujeito da passiva + had been + Past Participle

The room **hadn't been cleaned** when I checked in. (O quarto não tinha sido limpo quando eu dei entrada.)

Future Tense: sujeito da passiva + will be + Past Participle

He **will be questioned.** (Ele será questionado.)

Future Perfect: sujeito da passiva + will have been + Past Participle

The construction of the bridge **will have been finished** by next March. (A construção da ponte terá sido concluída em março.)

Conjunctions

14 Conjunções

☼ Conjunções são termos de ligação que ligam orações, partes de uma oração e palavras. São necessárias para evidenciar a conexão lógica entre as partes de uma oração. Além das conjunções and, but e or, que ligam duas orações coordenadas e independentes, entre oração principal e oração subordinada são empregadas as seguintes conjunções:

- causal (quando a oração subordinada indica uma causa): as (uma vez que), because (porque) (meio da sentença), since (considerando que, uma vez que) (início da oração), so (assim, por isso).
- consecutiva (quando a oração subordinada indica uma consequência ou efeito): so ... that (tanto/de tal maneira ... que)
- concessiva (quando a oração subordinada indica uma concessão): although (muito embora, apesar de que), (even) though (mesmo que, ainda que)
- temporal (quando a oração subordinada indica uma relação temporal): after (após), as often as (tão frequente quanto), as (antes), before (tão logo), as soon as (desde que, uma vez que), since (até que), until/till, when (quando, tão logo), whenever (sempre que), while (enquanto)
- condicional (quando a oração subordinada indica uma condição): as long as (enquanto, pressupondo que), if (se, caso), or (ou então), unless (a não ser que, caso contrário)
- final (quando a oração subordinada indica um fim, motivo ou objetivo): in order to (a fim de), so that (de modo que)
- modal (quando a oração subordinada indica meio e circunstâncias): as (assim como), as if (como se, como quando), how (como), without (sem, sem que)
- adversativa (quando a oração subordinada é restritiva): whereas (já, ao contrário), while (enquanto)

Olhando de perto 🔍

Voz passiva

G Ao contrário da voz ativa, a voz passiva ressalta o que acontece com uma pessoa ou coisa; evidencia-se quem recebe uma ação, e não quem a provoca.

As formas a seguir são usuais:
- **Present simple:** John's teeth **are cleaned** every morning. (são escovados)
- **Present continuous:** John's teeth **are being cleaned** at the moment. (estão sendo escovados)
- **Past simple:** John's teeth **were cleaned** last night at 11. (foram escovados)
- **Future simple:** Maybe John's teeth **will be cleaned** tomorrow morning again. (talvez serão escovados)
- **Future continuous:** não se usa a voz passiva
- **Present perfect simple:** John's teeth **have been cleaned**. (foram escovados)
- **Past perfect continuous:** não se usa a voz passiva
- **Future perfect simple:** John's teeth **will have been cleaned** soon. (terão sido escovados em breve)
- **Future perfect continuous:** não se usa a voz passiva

Conjunção

G Conjunções são palavras que ligam palavras a partes de uma oração ou orações inteiras.

i As conjunções subordinativas introduzem orações subordinadas e dão a elas um sentido lógico:
- oração temporal (relação temporal)
- oração final (relação de finalidade)
- oração condicional (relação de condição)
- oração consecutiva (relação causal)
- oração concessiva (relação de concessão)
- oração adversativa (relação de oposição)
- oração modal (relação de tipo e modo)

Conjunções compostas de duas partes são: both ... and (tanto ... quanto), not only ... but also (não só ... mas também), either ... or (ou ... ou), neither ... nor (nem ... nem) e whether ... or (se ... ou).

i A oração subordinada pode exercer tanto a função de sujeito quanto de objeto.
- oração subjetiva:
  The fact that he returned the money shows that he's an honest person. (O fato de ter devolvido o dinheiro mostra que ele é uma pessoa honesta.)
- oração objetiva:
  The policeman claimed that he had seen me stealing the newspaper. (O policial afirmou ter me visto roubando o jornal.)

Indirect Speech

15 Discurso indireto

☼ Com o discurso indireto, apresenta-se algo dito por outra pessoa. Ele consiste em uma oração principal (she said) e uma oração subordinada, na qual se repete o discurso direto original.

15.1 Sem mudança de tempo gramatical

Se o verbo da oração principal estiver no present, no future ou no present perfect, o tempo gramatical da oração subordinada não se altera.
"I'm hungry." → Jane **says** she's hungry.
"They need money." → I'**ll tell** her they need money.
⚡ Deve-se observar que haverá uma mudança do pronome pessoal (por exemplo, I → she) quando o discurso não for referido pela pessoa que o enunciou.

15.2 Mudanças de indicadores de tempo e lugar

Quando na citação do discurso muda-se a perspectiva de tempo ou de lugar, também os respectivos indicadores (de tempo e de lugar) devem-se modificar, para evitar mal-entendidos.

today	→	that (same) day
tonight	→	that night
this morning etc.	→	that morning etc.
next week etc.	→	the following week etc.
last night etc.	→	the previous night, the night before etc.
a month etc. ago	→	a month etc. before
yesterday	→	the previous day, the day before
now	→	then, at that point, straightaway
here	→	there, in that place

15.3 Comandos e instruções

Sujeito	+ verbo	+ objeto	+ to infinitivo
Ms Smith	asked	us	to close the window.
A sra. Smith pediu para fecharmos a janela.			
Mother	told	me	to go to bed.
Mamãe me disse para ir dormir.			

B1 15.4 Com mudança do tempo gramatical

Se a oração principal estiver na forma do tempo passado (he said), o que normalmente é o caso, a oração subordinada terá seu tempo gramatical modificado. Após said, sempre se deve seguir um objeto (por exemplo, me, us).

Discurso direto	Discurso indireto
"I'm hungry," said Jane. (present simple)	Jane said (that) she was hungry. (past simple)
"He's doing his homework," said Mrs Brown. (present continuous)	Mrs Brown said (that) he was doing his homework. (past continuous)
"I met him on the bus," said Jeffrey. (past simple)	Jeffrey said (that) he had met him on the bus. (past perfect)
"They were swimming when it happened," said Pete. (past continuous)	Pete said (that) they had been swimming when it (had) happened. (past perfect continuous)
"Mike's just gone shopping," said Frank. (present perfect)	Frank said that Mike had just gone shopping. (past perfect)
"We've been running in the gym," the boys told him. (present perfect continuous)	The boys told him (that) they had been running in the gym. (past perfect continuous)
"We had never eaten horse	They admitted (that) they had never

Discurso indireto

meat before," they admitted. (past perfect)		eaten horse meat before. (past perfect)
"I had been waiting for over 20 minutes," she said. (past perfect continuous)	→	She said (that) she had been waiting for over 20 minutes. (past perfect continuous)
"We'll be in touch," said the Millers. (will-future)	→	The Millers said (that) they would be in touch. (Conditional I)
"They'll have gone fishing," said Claire. (future perfect)	→	Claire said (that) they would have gone fishing. (Conditional II)

As orações no discurso indireto podem ser escritas após os verbos admit, say, tell e think acrescentando-se ou não o that mas em todos os casos sem a vírgula. Com os verbos add, answer, explain, remark, reply e state ao contrário, quase sempre se acrescentará o that (igualmente sem a vírgula).

15.5 Verbos modais　　　B1

No caso dos verbos auxiliares, quando a oração introdutória estiver no passado, normalmente são necessárias mudanças de tempo verbal.

can	→	could	shall (em perguntas)	→	should
may	→	might	will/shall	→	would

Could, might, needn't, ought to, should, e would se mantêm inalterados no discurso indireto. Must converte-se em had to, a não ser que se trate de uma necessidade futura. Nesse caso, ele se manterá inalterável ou se converterá em would have to.

"I must show you what I bought," said Philip.	→	Philip said (that) he had to show me what he had bought.
"We must have a chat," said Sue.	→	Sue said (that) we would have to/must have a chat.

Discurso indireto

🌀 Exceções:

Mesmo quando houver na oração principal uma forma no passado (he said, they told us etc.), em alguns casos é possível que a forma temporal não se altere no discurso indireto. Quando o que é dito no discurso direto estiver no presente, em caso de ênfase no acontecimento presente, ou para se evitar equívocos, o mesmo tempo pode ser mantido no discurso indireto: "I live in Cambridge," he said. – "Sorry?" – "I said I live in Cambridge."

Também em enunciados e fatos de caráter universal, no discurso indireto não se faz necessária uma mudança de tempo.

"The moon goes round the earth," he said. →	He said (that) the moon goes round the earth.

15.6 Interrogações

No caso de interrogacões, as orações no discurso indireto seguem a ordem normal, ou seja, o sujeito vem antes do verbo.

"How will you pay for it?" she asked us. →	She asked us how we would pay for it.

Se aparecer um pronome interrogativo (how, what, why etc.), no discurso indireto se emprega a palavra if ou whether (se).

Mother asked me. "Does he drink wine?" →	Mother asked me if/whether he drinks (ou *drank*) wine.

At a glance

Olhando de perto 🔍

Discurso indireto

G Em inglês, a forma verbal do discurso direto desloca-se para um nível temporal no passado, a fim de expressar que o discurso já ocorreu.

⚡ Só haverá alteração no tempo quando o verbo introdutório (said, replied, asked etc.) estiver no passado. Se não for esse o caso, a forma verbal será mantida.

Sucessão temporal no discurso indireto:
- Present simple → Past simple
- Present continuous → Past continuous
- Past simple → Past perfect simple
- Past continuous → Past perfect continuous
- Future simple (will) → would
- Future (going to) → was/were going to
- Future continuous → would + be + -ing
- Present perfect simple → Past perfect simple
- Present perfect continuous → Past perfect continuous
- Future perfect simple → would have been
- Future perfect continuous → would have been + -ing

⚡ Em caso de mudança de referência temporal, deve-se atentar para que também indicações de tempo e lugar, bem como de pronomes, a acompanhem: "**I'**ll see **you** next **Monday**." → **He** said he would see **her** the **following Monday**.

Discurso indireto

Para ordens no discurso indireto, frequentemente são empregadas as frases a seguir:
- ask somebody to do something (intimar alguém/pedir a alguém para fazer alguma coisa) "Close the door, please" → She asked me to close the door.
- tell somebody to do something (ordenar alguém/intimar alguém a fazer alguma coisa) "Leave the room, will you?" → The teacher told the children to leave the classroom.
- order somebody to do something ordenar alguém para que faça alguma coisa "Call the police!" → He ordered the secretary to call the police.

Discurso indireto

Interrogações indiretas são introduzidas com whether ou if ou com um (▷ 5.6) pronome interrogativo. Deve-se atentar para a mudança de forma verbal, pronomes e referência espacial: Do you live in Boston? → She asked him **whether/if** he lived in Boston. / She wanted to know **where** he lived.

⚡ Se a escolha incidir entre duas possibilidades – e isso se dá, sobretudo, após verbos de escolha e decisão (por exemplo, choose, decide, consider), – somente whether poderá ser empregado. I can't really decide **whether** I want to go to Spain or Italy this summer.

L! Após uma interrogação indireta não se usa sinal de interrogação.

Conditional Clauses

16 Orações condicionais

💡 Existem três tipos fundamentais de orações if. Normalmente, elas são compostas de duas partes: uma oração auxiliar com uma condição (if – "se", "caso") e uma oração principal (OP), na qual é expressa a consequência da condição.

16.1 Tipo 1

Acontecimentos e estados factuais no presente e no futuro

Formas

Sentença if: present (simple, forma -ing)	OP: future (simple, forma -ing, going to)
If you **give** it to him	he **will break** it.
Se você der para ele,	ele vai quebrá-lo.

⚡ Variantes de tipo 1:

Present	Present
When the weather **is** nice	I **go** jogging.
(Sempre que) Quando o tempo está bom,	eu vou correr.
Present Perfect	Future
If she **has bought** a ticket	she **will fly** to Rome tomorrow.
Se ela comprou a passagem,	deve viajar a Roma (amanhã.)

Assim como no português, a oração iniciada com if pode vir no início ou no final do período. Orações if breves incidem na maioria das vezes no início do período e sem vírgula; em caso de orações mais extensas, insere-se uma vírgula. Quando a oração if vier após a oração principal, entre ambas não haverá vírgula, e sua separação pode ser evidenciada por uma pausa na fala.

16.2 Tipo 2

Acontecimentos e estados não realistas no passado ou no futuro

B1 **Formas**

Past (simple, -ing-Form)	would + infinitivo sem to (conditional I)
If you **gave** it to him Se você desse para ele,	he **would break** it. ele o quebraria.

Tipo 2 com verbo auxiliar:

If I **didn't have** to work Se eu não tivesse de trabalhar,	I **could** go out tonight. poderia sair hoje à noite.

16.3 Tipo 3

Acontecimentos e estados irreais e sem possibilidade de realização.

B1 **Formas**

Past Perfect (simple, -ing Form)	would have + Past Participle (conditional II)
If you **had given** it to him Se você desse para ele,	he **would have broken** it. ele o teria quebrado.

Orações condicionais

Tipo 3 com verbo auxiliar:

If she had read the newspaper	she **could** have seen the article.
Se ela tivesse lido o jornal,	poderia ter visto o artigo.

⚡ Mistura de diferentes tipos: dependendo da conexão lógica ou temporal, podem-se combinar três tipos fundamentais, por exemplo:

2/1	If she bought the car yesterday,	we'll go for a ride tomorrow.
	Se ela tiver comprado o carro ontem,	vamos dar uma volta amanhã.
2/2	If I were 30 years old,	I would have finished my studies.
	Se eu tivesse 30 anos,	eu teria terminado meus estudos.
3/3	If I had moved to England last year,	I would be living in London now.
	Se ano passado eu tivesse me mudado para a Inglaterra,	eu estaria agora morando em Londres.

16.4 Would em orações condicionais

☼ Em uma sentença if, normalmente aparece will ou would. Tem-se uma exceção com pedidos formais, nos quais will ou would aparecem no sentido de "ter o desejo de fazer alguma coisa".

If you **will** pass me the salt, please? (Você poderia me passar o sal, por favor?)

I would appreciate it if you **would** show me how to use this machine. (Eu lhe seria grato se você me mostrasse como esta máquina funciona.)

> Outra exceção se tem pela construção if only, quando ela introduz um desejo orientado para o futuro. No entanto, isso não vale para verbos estáticos.
If only you would listen to me. (Se apenas você me ouvisse.)

16.5 Unless

Unless Em uma oração condicional, unless significa "a não ser que", "exceto se", "a menos que" e é empregado para se expressar um ultimato.
I won't tell you **unless** you promise to keep it a secret.
= I won't tell you if you don't promise to keep it a secret.
(Não vou lhe dizer, a não ser que você prometa manter segredo.)
Unless she is stricter with them, they'll never behave.
= If she isn't stricter with them, they'll never behave.
(Se ela não for mais rigorosa [com eles], eles não vão se comportar.)

Em orações como as seguintes, if ... not não pode ser substituído por unless, já que if ... not não é empregado no sentido de "a não ser que", "exceto que" etc.
You would be able to hear me **if** the TV was**n't** so loud.
(Você poderia me ouvir melhor, se a TV não estivesse tão alta.)

> **At a glance**

Olhando de perto 🔍

Orações condicionais

☼ As orações condicionais são formadas por uma oração principal e uma oração subordinada, que são introduzidas pela conjunção if (▷ ⑭) .
- Tipos fundamentais
  Tipo 1: Oração if: Present tense → OP: future
  If I **win** tonight, I **will throw** a party.
  Tipo 2: Oração if: Past tense → would + Infinitive
  If I **won** tonight, I **would throw** a party.
  Tipo 3: Oração if: Past perfect → would + have +
  If I **had won** last night, I **would have thrown** a party.
- Tipos combinados
  Oração if: Past tense → would + have +
  If I **were** smarter, I **would have studied** medicine.
  Se eu fosse mais inteligente, eu teria estudado medicina.
  Oração if: Past perfect → would + Infinitive
  If I **had got** my pay cheque yesterday, I **would be able to take out** my girlfriend tonight. (Se eu tivesse recebido meu pagamento ontem, eu levaria minha namorada para sair esta noite.)

☼ Com if não se usa would.

ⓘ Would (e will) só são empregados em oração if quando esta não expressar nenhuma condição, mas contiver um pedido formal, um desejo ou uma intimação: I would be grateful if you would send me a brochure. (Eu lhe seria grato se o senhor me enviasse uma brochura.) If you won't tell her about us, I will. (Se você não contar a ela sobre nós, eu vou contar.)

Nos modos de expressão formais, o if pode ser omitido, e o verbo auxiliar, anteposto, por exemplo: If I had known that ... = Had I known that ... ou If you should ... = Should you ... etc.

❶ Uma peculiaridade da oração if, usada com frequência, é a construção were/was + infinitivo com to em vez do past tense. If you **were to** ask me, I wouldn't buy such an expensive car. (Se você pedisse a minha opinião, eu não compraria um carro tão caro.)

- unless (exceto, a não ser que)
  A conjunção unless é empregada para expressar que quando algo não acontece, consequentemente acontece (ou acontecia, ou aconteceu) outra coisa: Dinner's in the fridge **unless** your sister ate it. (O jantar está na geladeira, a menos que sua irmã o tenha comido.)

☼ Após unless não vem nem will, nem would.

- if only (se, apenas)
  Com o emprego de if only expressa-se um desejo por mudança. Após if only, normalmente, vem um verbo no past tense:
  If only I **had** more money. (Se pelo menos eu tivesse mais dinheiro.)

Verbos irregulares

Infinitive	Simple past	Past participle	Português
awake [eɪ]	awoke [əʊ]	awoken [əʊ]	*acordar, despertar*
be [iː]	was (sing.) [ɒ] were (pl.) [ɜː]	been [iː]	*ser*
beat [iː]	beat [iː]	beaten [iː]	*bater*
become [ʌ]	became [eɪ]	become [ʌ]	*tornar-se*
begin [ɪ]	began [æ]	begun [ʌ]	*começar, iniciar*
bend [e]	bent [e]	bent [e]	*curvar(-se)*
bet [e]	bet [e]	bet [e]	*apostar*
bite [aɪ]	bit [ɪ]	bitten [ɪ]	*morder*
bleed [iː]	bled [e]	bled [e]	*sangrar*
blow [əʊ]	blew [uː]	blown [əʊ]	*soprar*
break [eɪ]	broke [əʊ]	broken [əʊ]	*quebrar*
bring [ɪ]	brought [ɔː]	brought [ɔː]	*trazer*
build [ɪ]	built [ɪ]	built [ɪ]	*construir*
buy [aɪ]	bought [ɔː]	bought [ɔː]	*comprar*
catch [æ]	caught [ɔː]	caught [ɔː]	*pegar*
choose [uː]	chose [əʊ]	chosen [əʊ]	*escolher, selecionar*
come [ʌ]	came [eɪ]	come [ʌ]	*vir*
cost [ɒ]	cost [ɒ]	cost [ɒ]	*custar*
cut [ʌ]	cut [ʌ]	cut [ʌ]	*cortar*
dig [ɪ]	dug [ʌ]	dug [ʌ]	*cavar*
do [uː]	did [ɪ]	done [ʌ]	*fazer*
draw [ɔː]	drew [uː]	drawn [ɔː]	*desenhar, esboçar*
dream [iː]	dreamt [e] / dreamed [iː]	dreamt [e] / dreamed [iː]	*sonhar*

Verbos irregulares

Infinitive	Simple past	Past participle	Português
drink [ɪ]	drank [æ]	drunk [ʌ]	beber
drive [aɪ]	drove [əʊ]	driven [ɪ]	guiar, dirigir
eat [iː]	ate (inglês britânico): [e] ate (inglês americano): [eɪ]	eaten [iː]	comer
fall [ɔː]	fell [e]	fallen [ɔː]	cair
feed [iː]	fed [e]	fed [e]	alimentar, nutrir
feel [iː]	felt [e]	felt [e]	sentir (-se)
find [aɪ]	found [aʊ]	found [aʊ]	encontrar
fight [aɪ]	fought [ɔː]	fought [ɔː]	combater
flee [iː]	fled [e]	fled [e]	fugir
fly [aɪ]	flew [uː]	flown [əʊ]	voar
forget [e]	forgot [ɒ]	forgotten [ɒ]	esquecer
freeze [iː]	froze [əʊ]	frozen [əʊ]	esfriar
get [e]	got [ɒ]	got (inglês americano: gotten) [ɒ]	pegar, tomar, receber
give [ɪ]	gave [eɪ]	given [ɪ]	dar
go [əʊ]	went [e]	gone [ʌ]	ir
grow [əʊ]	grew [uː]	grown [əʊ]	crescer, plantar
hang [æ]	hung [ʌ]	hung [ʌ]	pendurar
have [æ]	had [æ]	had [æ]	ter
hear [ɪə]	heard [ɜː]	heard [ɜː]	ouvir
hide [aɪ]	hid [ɪ]	hidden [ɪ]	esconder(-se)
hit [ɪ]	hit [ɪ]	hit [ɪ]	bater, encontrar
hold [əʊ]	held [e]	held [e]	segurar
hurt [ɜː]	hurt [ɜː]	hurt [ɜː]	ferir, machucar
keep [iː]	kept [e]	kept [e]	continuar, manter
know [əʊ]	knew [uː]	known [əʊ]	conhecer, saber
lay [eɪ]	laid [eɪ]	laid [eɪ]	dispor, pôr à mesa

Verbos irregulares

Infinitive	Simple past	Past participle	Português
lead [iː]	led [e]	led [e]	*conduzir, liderar*
leave [iː]	left [e]	left [e]	*sair, ausentar-se*
lend [e]	lent [e]	lent [e]	*emprestar*
let [e]	let [e]	let [e]	*deixar*
lie [aɪ]	lay [eɪ]	lain [eɪ]	*jazer, estar deitado, situar-se*
lose [uː]	lost [ɒ]	lost [ɒ]	*perder*
make [eɪ]	made [eɪ]	made [eɪ]	*fazer*
mean [iː]	meant [e]	meant [e]	*significar, pensar*
meet [iː]	met [e]	met [e]	*encontrar, conhecer*
pay [eɪ]	paid [eɪ]	paid [eɪ]	*pagar*
put [ʊ]	put [ʊ]	put [ʊ]	*pôr, posicionar, meter*
read [iː]	read [e]	read [e]	*ler*
ride [aɪ]	rode [əʊ]	ridden [ɪ]	*correr, cavalgar*
ring [ɪ]	rang [æ]	rung [ʌ]	*soar, chamar (pelo telefone)*
rise [aɪ]	rose [əʊ]	risen [ɪ]	*subir, ascender*
run [ʌ]	ran [æ]	run [ʌ]	*correr*
say [eɪ]	said [e]	said [e]	*dizer*
see [iː]	saw [0ː]	seen [iː]	*ver*
sell [e]	sold [əʊ]	sold [əʊ]	*comprar*
send [e]	sent [e]	sent [e]	*enviar*
set [e]	set [e]	set [e]	*colocar, estabelecer*
shake [eɪ]	shook [ʊ]	shaken [eɪ]	*sacudir, agitar*
shoot [uː]	shot [ɒ]	shot [ɒ]	*atirar*
show [əʊ]	showed [əʊ]	shown/ showed [əʊ]	*mostrar*
shut [ʌ]	shut [ʌ]	shut [ʌ]	*fechar, cerrar*

Verbos irregulares

Infinitive	Simple past	Past participle	Português
sing [ɪ]	sang [æ]	sung [ʌ]	*cantar*
sink [ɪ]	sank [æ]	sunk [ʌ]	*afundar*
sit [ɪ]	sat [æ]	sat [æ]	*sentar*
sleep [iː]	slept [e]	slept [e]	*dormir*
smell [e]	smelt/smelled [e]	smelt/smelled [e]	*cheirar*
speak [iː]	spoke [əʊ]	spoken [əʊ]	*falar*
spend [e]	spent [e]	spent [e]	*gastar, dispender*
spoil [ɔɪ]	spoilt/spoiled [ɔɪ]	spoilt/spoiled [ɔɪ]	*estragar*
spread [e]	spread [e]	spread [e]	*espalhar, disseminar*
spring [ɪ]	sprang [æ]	sprung [ʌ]	*saltar*
stand [æ]	stood [ʊ]	stood [ʊ]	*ficar*
steal [iː]	stole [əʊ]	stolen [əʊ]	*roubar*
stick [ɪ]	stuck [ʌ]	stuck [ʌ]	*ficar, pender, grudar, permanecer*
sting [ɪ]	stung [ʌ]	stung [ʌ]	*picar*
swear [eə]	swore [ɔː]	sworn [ɔː]	*jurar*
swim [ɪ]	swam [æ]	swum [ʌ]	*nadar*
swing [ɪ]	swung [ʌ]	swung [ʌ]	*agitar*
take [eɪ]	took [ʊ]	taken [eɪ]	*tomar, trazer*
teach [iː]	taught [ɔː]	taught [ɔː]	*ensinar*
tear [eə]	tore [ɔː]	torn [ɔː]	*rasgar, despedaçar*
tell [e]	told [əʊ]	told [əʊ]	*contar, dizer*
think [ɪ]	thought [ɔː]	thought [ɔː]	*pensar, acreditar*
throw [əʊ]	threw [uː]	thrown [əʊ]	*lançar*
wear [eə]	wore [ɔː]	worn [ɔː]	*trajar, vestir*
weep [iː]	wept [e]	wept [e]	*chorar*
win [ɪ]	won [ʌ]	won [ʌ]	*vencer*
write [aɪ]	wrote [əʊ]	written [ɪ]	*escrever*

Testes

1. Artigo
Preencha as frases abaixo com artigo definido, indefinido ou, se for o caso, com nenhum artigo.

a. Mary works with children. She is ………. teacher.

b. I usually go to work by ………. train.

c. We had ………. breakfast yesterday with ………. Jacksons.

d. Where's Nancy? – She has gone to ………. hospital to see her daughter.

e. The car was doing 80 miles ………. hour when the accident happened.

f. Computers are a necessary part of ………. modern society.

g. ………. most people like pop music.

h. The kids made quite ………. noise.

2. Substantivo
Preencha com a forma plural correspondente.

a. film → ……………………………………………

b. potato → ……………………………………………

c. woman → ……………………………………………

d. jeans → ……………………………………………

e. video → ....
f. day → ....
g. life → ....
h. baby → ....

3 Adjetivo
Insira com o aumentativo do adjetivo em negrito.

a. Having a cold is bad, but having the flu is much ....

b. The Empire State building is very high, but Sears Tower is a lot ....

c. The first lecture was interesting, but the second one was even ....

d. Take the early train. The .... you arrive the better.

e. Mom was happy when she won the lottery, but I was even ....

f. Apples taste good, but I think cherries taste much ....

g. Many people like tea, but .... people like coffee.

h. A boring book is no fun to read, so the .... boring it is the better.

Testes

4 **Advérbio** `A1`

Pense por um momento em seus hábitos e escreva frases empregando no mínimo um dos advérbios de frequência: usually, normally, sometimes, never, always, every day, three times a week, once a month, twice a year, on Saturdays.

a. go to bed

   ....

b. read until late at night

   ....

c. go to work by train

   ....

d. clean the bathroom

   ....

e. go shopping

   ....

f. eat meat

   ....

g. play with the children

   ....

h. go to the dentist

   ....

Testes

A1 ⑤ **Pronome**
Some/something/somebody ou any/anything/anybody?

a. Is there .... to eat in this house?

b. Would you like to have .... milk in your tea?

c. I think .... should help her.

d. So, you haven't eaten .... all day?

e. I need .... to drink.

f. Did you buy .... bread?

g. The fog was so thick I could hardly see ....

h. Did you meet .... walking through the woods?

A1 ⑥ **Quantificadores**
Complete as lacunas com as seguintes indicações de quantidade: a lot of, much, many, few, little.

a. I didn't have .... money on me.

b. I saw .... crocodiles in Northern Australia.

c. .... people know how to spell diarrhoea.

d. There was .... petrol left in the tank when we finally reached the hotel.

e. Say that again. How .... DVDs do you have?

f. We haven't got .... time. So hurry up.

g. There were so .... people waiting for the train.

h. .... school kids these days are fat.

Testes

7 Verbo
Infinitivo com ou sem to?

a. I think I want ……… go home now.
b. Can you ……… speak Spanish?
c. You should ……… call the police.
d. I let her ……… have it.
e. I asked you ……… help me with my homework.
f. Did you remember ……… phone your brother?
g. I watched him ……… write the letter.
h. I told her not ……… drive so fast.

8 Tempos verbais A1
Qual verbo e qual de suas formas será a correta?

a. I ……… 25 years old.
a. have got   b. is   c. am

b. She ……… three languages.
a. is speaking   b. speaks   c. had spoken

c. The house ……… three bedrooms and a nice garden.
a. has   b. is having   c. have got

d. There ……… a lot of apples on the table.
a. are   b. have   c. has got

e. They ……… until late at night.
a. have works   b. works   c. work

f. They ……… the game last night.
a. are seeing   b. watched   c. have watched

g. We .... many great films lately.
a. looked at   b. have seen   c. will see

h. I .... him when I was in New Zealand.
a. met   b. meet   c. have met

9 Interrogações e negações
Responda negativamente às interrogações com uma resposta breve.

a. Are Sarah and Pete married?
b. Is the food in the kitchen?
c. Is Pete a truck driver?
d. Am I a student from Oxford?
e. Are they outside in the garden?
f. Is your new boss friendly?
g. Are you tired?
h. Are there a lot of people at the party?

10 Verbos auxiliares
Acrescente a forma adequada do verbo auxiliar.

a. I'm sure Maggie .... do it later. *(verbo auxiliar)*

b. She .... speak French. *(não poder)*

c. .... I remind you to return the books by tomorrow. *(ter a permissão de)*

d. You look ill. You .... see a doctor. *(dever)*

e. This shirt is dirty. It .... to be washed. *(ter de)*

f. You .... smoke in this room. *(não dever, não ter a permissão de)*

g. .... you please be quiet. *(verbo auxiliar)*

h. I really think we .... go now. *(dever)*

Testes

11 Particípios
Introduza o present participle (-ing) ou o past participle (-ed).

a. The car .... in the river belongs to Mike. (find)

b. She has a sister .... in the north of Scotland. (live)

c. Who was that woman .... to your teacher? (talk)

d. The painting .... from the museum was sold on the Internet. (steal)

e. There were huge trees .... behind their house,

f. (stand) but not a single bush .... in front of it. (plant)

g. Products .... in Germany are said to be of high quality. (make)

h. What's the name of the girl .... in the accident? (injure)

12 Gerúndio
Opte entre o gerúndio e o infinitivo.

a. They decided .... their holiday in Portugal. (spend)

b. He promised .... your letter as soon as possible. (answer)

c. I'm interested in .... more about Elizabeth I. (read)

d. I wouldn't mind .... a film on TV tonight. (watch)

e. We look forward to .... from you soon. (hear)

f. First they played golf, then they went on .... tennis. (play)

g. She was so funny. I couldn't stop .... (laugh)

h. Please remember .... your brother tomorrow. (call)

A2 ⓭ Voz passiva
Converta as frases a seguir na voz ativa para a voz passiva.

a. Jack built the house in 1997.

....

b. The Vikings discovered a new world in the west.

....

c. Somebody is following us.

....

d. I gave her the letter.

....

e. Somebody has just cleaned the hotel room.

....

f. The company will fire more than 10 people in June.

....

g. He should tell her right away.

....

Testes

h. They make this yoghurt from goat's milk.

   ....

14 Conjunções A1

Acrescente as conjunções a seguir, de modo que a história faça sentido: after, although, as soon as, because, if, (in order) to, so, while.

Last night we went to a pub (a.) .... we were hungry. We ate hamburgers (b.) .... a band played some jazz music. (c.) .... we had finished our dinner we noticed that none of us had enough money to pay the bill. (d.) .... my friend Jack knows the chef, the waiter said he would call the police (e.) .... we didn't pay right away. (f.) .... we decided that Julie would have to go to the cash point (g.) .... withdraw some money. (h.) .... she got back we paid the bill and left the pub somewhat embarrassed.

15 Discurso indireto A2

Escreva as frases a seguir no discurso indireto.

a. "Jamie is on holiday in southern France."

   She said ....

b. "Does Peter like red wine?"

   He asked ....

c. "I've bought a new jacket."

   Frank said ....

d. "I'm going to do the dishes tomorrow morning."

   She said ....

e. "We can do our homework tonight."

   Mum said ....

f. "They'll have to call an ambulance."

   I said ....

g. "Do I have to read the whole book?"

   He asked ....

h. "I don't want to see aunt Jane."

   She said ....

A2 · 16 Orações condicionais
Introduza a forma verbal adequada.

a. If he .... Jane tonight he'll .... her about the article. (see/ask)

b. I'll be .... on the beach all day if the weather .... nice. (lie/be)

c. If Julie .... fresh tomatoes I'll .... a salad tonight. (buy/make)

d. If her cat .... tomorrow she would .... very sad. (die/be)

Testes

e. What would you .... if I .... you $1 million? (do/give)

f. If you .... harder for the test you would .... it. (study/not fail)

g. If I .... her number I would .... her last night. (know/call)

h. She would .... him for lunch if he .... to work. (invite/come)

Respostas

1 Artigo
a. a; b. –; c. –; the; d. the; e. an; f. –; g. –; h. a

2 Substantivo
a. films; b. potatoes; c. women; d. jeans; e. videos; f. days; g. lives; h. babies

3 Adjetivo
a. Having a cold is bad, but having the flu is much worse.
b. The Empire State building is very high, but Sears Tower is a lot higher.
c. The first lecture was interesting, but the second one was even more interesting.
d. Take the early train. The earlier you arrive the better.
e. Mom was happy when she won the lottery, but I was even happier.
f. Apples taste good, but I think cherries taste much better.
g. Many people like tea, but more people like coffee.
h. A boring book is no fun to read, so the less boring it is the better.

4 Advérbio
a. exemplo: I usually go to bed at 11 o'clock.
b. exemplo: I never read until late at night.
c. exemplo: I sometimes go to work by train.
d. exemplo: I always clean the bathroom on Saturdays.
e. exemplo: I go shopping three times a week.
f. exemplo: I eat meat once a month.
g. exemplo: I play with the children every day.
h. exemplo: I normally go to the dentist twice a year.

5 Pronome
a. Is there anything to eat in this house?
b. Would you like to have some milk in your tea?
c. I think somebody should help her.
d. So, you haven't eaten anything all day?
e. I need something to drink.
f. Did you buy any bread?
g. The fog was so thick I could hardly see anything.
h. Did you meet anybody walking through the woods?

6 Quantificadores
a. I didn't have much money on me.
b. I saw a lot of crocodiles in Northern Australia.
c. Few people know how to spell diarrhoea.
d. There was little petrol left in the tank when we finally reached the hotel.
e. Say that again. How many DVDs do you have?
f. We haven't got much time. So hurry up.
g. There were so many people waiting for the train.
h. A lot of/Many school kids these days are fat.

7 Verbo
a. I think I want to go home now.
b. Can you speak Spanish?
c. You should call the police.
d. I let her have it.

Respostas

e. I asked you to help me with my homework.
f. Did you remember to phone your brother?
g. I watched him write the letter.
h. I told her not to drive so fast.

8 Tempos verbais
a. I am 25 years old.
b. She speaks three languages.
c. The house has three bedrooms and a nice garden.
d. There are a lot of apples on the table.
e. They work until late at night.
f. They watched the game last night.
g. We have seen many great films lately.
h. I met him when I was in New Zealand.

9 Interrogações e negações
a. No, they aren't.
b. No, it isn't.
c. No, he isn't.
d. No, I'm not.
e. No, they aren't.
f. No, she/he isn't.
g. No, I'm not.
h. No, there aren't.

10 Verbos auxiliares
a. I'm sure Maggie will do it later.
b. She can't speak French.
c. May I remind you to return the books by tomorrow.
d. You look ill. You should/ought to see a doctor.
e. This shirt is dirty. It needs to be washed.
f. You must not smoke in this room.
g. Would you please be quiet.
h. I really think we should/ought to go now.

11 Participial
a. The car found in the river belongs to Mike.
b. She has a sister living in the north of Scotland.
c. Who was that woman talking to your teacher?
d. The painting stolen from the museum was sold on the Internet.
e. There were huge trees standing
f. behind their house, but not a single bush planted in front of it.
g. Products made in Germany are said to be of high quality.
h. What's the name of the girl injured in the accident?

12 Gerúndio
a. They decided to spend their holiday in Portugal.
b. He promised to answer your letter as soon as possible.
c. I'm interested in reading more about Elizabeth I.
d. I wouldn't mind watching a film on TV tonight.
e. We look forward to hearing from you soon.
f. First they played golf, then they went on to play tennis.
g. She was so funny. I couldn't stop laughing.
h. Please remember to call your brother tomorrow.

13 Voz passiva
a. The house was built in 1997 (by Jack).
b. A new world was discovered in the west by the Vikings.
c. We are being followed (by somebody).
d. She was given the letter; ou: The letter was given to her.
e. The hotel room has just been cleaned.

f. More than 10 people will be fired in June.
g. She should be told right away.
h. This yoghurt is made from goat's milk.

14 Conjunções

Last night we went to a pub **because** we were hungry. We ate hamburgers **while** a band played some jazz music. **As soon as/after** we had finished our dinner we noticed that none of us had enough money to pay the bill. **Although** my friend Jack knows the chef, the waiter said he would call the police **if** we didn't pay right away. **So** we decided that Julie would have to go to the cash point **(in order) to** withdraw some money. **As soon as/after** she got back we paid the bill and left the pub somewhat embarrassed.

15 Discurso indireto

a. She said Jamie was on holiday in southern France.
b. He asked if/whether Peter liked red wine.
c. Frank said he'd bought a new jacket.
d. She said she was going to do the dishes the next morning.
e. Mum said we could do our homework tonight/later that evening.
f. I said they would have to call an ambulance.
g. He asked if/whether he had to read the whole book.
h. She said she didn't want to see aunt Jane.

16 Orações condicionais

a. If he sees Jane tonight he'll ask her about the article.
b. I'll be lying on the beach all day if the weather is nice.
c. If Julie buys/has bought fresh tomatoes I'll make a salad tonight.
d. If her cat died tomorrow she would be very sad.
e. What would you do if I gave you $1 million?
f. If you had studied harder for the test you would not have failed it.
g. If I had known her number I would have called her last night.
h. She would invite/have invited him for lunch if he came/had come to work.

Respostas dos testes de nível

Aqui, juntamente com a avaliação de seus resultados, você terá recomendações para melhorar seus conhecimentos da língua.

Respostas A1

1 Artigo
a. ✔ She's a waitress.
b. ✔ I'm a member of a football club.
c. ✘ correção: He's not Welsh.
d. ✔ Isn't she married to a Paul Van Buren?

2 Adjetivo
a. My brother drives a black sports car.
b. Be careful with that knife!
c. When Sandra came home from work she was tired.
d. Maureen is such a friendly person.

3 Present simple
correto: c. em atividades ou fatos que se deem regularmente.

4 Present perfect simple
a. ✔ I've never been to South Africa.
b. ✘ correção: Walter bought a new car yesterday.
c. ✔ Jane's lived in London all her life.
d. ✘ correção: She closed the window a minute ago.

5 Future
a. They are going to spend the weekend in Bath.
b. I am going to study chemistry.
c. The train arrives at 9.30 tomorrow morning.

Recomendações

1–6 pontos: Seu conhecimento ainda é básico e muito frágil. O melhor a fazer é debruçar-se mais uma vez sobre o estágio A1.

7–12 pontos: Muito bem! Você já tem bons conhecimentos esperados para o nível A1, mas ainda apresenta alguns pontos fracos. Revise alguns temas.

13–18 pontos: Excelente! Você tem sólidos conhecimentos do estágio A1 e pode passar ao nível A2.

Respostas A2

1 Past continuous
a. What were you doing yesterday morning at 10?

2 Will-future e going to-future
a. Look how dark it is, it is going to rain any minute.
b. I think I will go to Brighton at the weekend.
c. Everything's planned. We are going to marry next year.

3 Advérbio
a. Mary-Lou sang a beautiful song.
b. The play was performed very well.
c. They've been happily married for 20 years.

4 Verbos auxiliares
a. You must not smoke here.
b. You should go to the doctor.
c. Can he speak Swedish?
d. I will never eat fish again.

5 O gerúndio
b. After the break we went on watching the film.

6 Voz passiva
a. This building will be built by my brother's company.
b. The supermarket was closed down last week.

Recomendações

1–6 pontos: Você ainda está no início do nível A2 e deve revisar os temas aprofundadamente.

7–12 pontos: Você está indo bem! Seus conhecimentos do nível A2 já vão de vento em popa! Antes de iniciar o B1, é bom revisar alguns temas.

13–16 pontos: Excelente! Você apresenta um conhecimento seguro dos temas gramaticais do nível A2 e pode passar ao nível B1.

Respostas B1

1 Future continuous
a. Next Monday I will be lying on the beach in Spain.
b. Ten years from now she will be living in New York.
c. I'm afraid I won't be doing much work tomorrow.

2 Past perfect e Present perfect
a. At the end of our hiking tour we had covered more than 20 miles.
b. Have you had breakfast yet?
c. I realized that I had never seen a live crocodile before.

3 Past perfect continuous e Past continuous
a. 1: Tim had been working for Lynn for 10 years when he decided to quit.
b. 2: When I came home last night everybody was watching TV/had been watching TV.

4 Voz passiva
a. Look, there's car behind us. I think we are being followed.
b. The museum was broken into last night.
c. Last month I had been married for five years.

5 Oração condicional I
a +2: I would travel to Hawaii if I had more money.
b +1: I'll put on the black shirt if it's not in the wash.
c +3: I'll turn on the radio if it will help you (to) concentrate better.

6 Oração condicional II
a. ✓ We should go for a walk in the afternoon unless, of course, it rains.
b. ✗ correção: Sibyll's results would be much better if she wasn't so lazy.
c. ✓ I'll pick you up at 7 unless I'm caught up in a traffic jam again.

Recomendações

1–6 pontos: Revise todos os temas relevantes do nível B1 mais uma vez.

7–12 pontos: Muito bem! Você já tem alguns conhecimentos do nível B1, mas deve aperfeiçoá-los revisando os temas que ainda não domina.

13–18 pontos: Excelente! Você realmente conhece os temas do nível B1 e pode passar ao B2.

Respostas dos testes de nível

Soluções B2

1 Future perfect
Quem enuncia se põe no futuro e contempla ações ou estados consumados no passado.

2 Future e Future perfect
a. I'm not sure, but I think I **will spend/will be spending** the weekend with my brother.
b. By 6 o'clock tonight I **will have been working** five hours nonstop in the garden.
c. What **will you be doing** tomorrow around 4?

3 Particípios na voz passiva
a. The presidential election **held** next week will decide if the peace process is to continue.
b. The backpack **found** under the old bridge belonged to a French traveller.
c. The contract, **having been signed** only a week before, was cancelled unexpectedly by one of the companies.

4 Orações relativas
a. ✓ Our start-up company has several new Portuguese business partners, all of whom wish to establish better business relations.
b. ✗ correção: Two Portuguese companies have sent image brochures, both of **which** are written entirely in Portuguese.

5 Orações condicionais combinadas
a. If my parents had moved to Canada 20 years ago, I might live in Montreal today.
b. If we hadn't lost the game, we would throw a party tonight.

6 Gerúndio
a. She's used to **working** until late at night.
b. I'd prefer to **go** to bed early tonight.

Recomendações

1–6 pontos: Ainda não é o suficiente para o nível B2. Você deve trabalhar os temas importantes deste nível mais uma vez e de maneira profunda.

7–12 pontos: Você está indo bem! Está quase dominando o nível B2. Apenas revise mais uma vez alguns temas.

13–17 pontos: Excelente! Você comprovou ter conhecimentos do nível A1 até o B2.